你不該討好全世界，卻冷落了自己

接受真實的你，活出不糾結的人生

辣媽 Shania ｜郭雅芸｜ 著

推薦序

多肉太太 kenalice

「你已經夠好了，別再羨慕別人了！」

這是書中某一篇的篇名，也是閱讀過程中，我內心最想對辣媽大喊的一句話。（還要搭配馬景濤搖肩！！）

跟辣媽認識 25 年了，她從以前就有著親切活潑的個性，完全不會對我們擺出學姐的架子，卻又處處照顧著學弟妹，是社團中閃閃發亮的存在。在我心中，辣媽一直都是超厲害超自信的學姐，（唱歌又好好聽），畢業後進到高薪的外商公司，毋庸置疑；想學烘焙，就能做出自己的格局，理所當然。然而，直到她開始發表辣媽語錄時，我才驚覺，原來自己一直傾慕的學姐，內心深處有這麼多的壓抑與掙扎。

每個人的一生，都會面臨無數回角色轉換和生活變化。有時，就算僅僅是微小的轉變，都能讓我們感到困惑、無助，甚至陷入低潮，更遑論結婚、生子，或是中年轉職這等大事。那些曾經的壓抑與未竟的哀悼，在這幾年，學姐透過書寫辣媽語錄釋放的同時，也幫我們一起預習、複習、欣賞、察覺同樣的人生課題，甚至提出解套。

在這個資訊快速流動的現代社會，生活總是庸庸碌碌、戰戰兢兢。我們背負著種種期望，終日感到壓力和焦慮，只為了追求普世價值中的成功。你也曾想過吧？自己為什麼要活得那麼累？人生到底在追求什麼？

在這本書中，辣媽透過一次次的自我剖析，找出了解答：「你不該討好全世界，卻冷落了自己；接受真實的你，活出不糾結的人生。」

讓我們一起跟著辣媽的腳步，找回自己的平衡和自信 ♥

推薦序

羅瑞娜的幸福廚房 Lorina ｜生活 & 料理作家

認識辣媽，是在我第一本書的新書發表會，當時覺得眼前這個女人氣場好強，敢自信的說自己辣也的確很辣。也許是羡慕她的這份自信，後來在我想放下幼時未能學舞的遺憾時，主動邀請能歌善舞的她陪我練習並錄製一支 MV 舞，以作為宣示。

隨著我們漸漸熟稔，才發現我們都是內在受過傷，但十分勇敢的靈魂。雖然不輕鬆，但還是願意面對自己內在深處的傷痛及脆弱，用愛陪自己走過。

這些年她把她經歷過的這些委屈、受傷、撞牆、憤怒、無能為力，這些身為一個女兒、媽媽、太太或是現代女性，我們都很熟悉的角色會遇到的考驗，全部化為「辣媽語錄」。這一篇篇的文字，成為帶著自己及讀者朋友穿越前進的力量。看著她破繭而出，並影響著身邊一群人，真的很感動，也為這個時代能帶領自己及他人成長的女性開心。

如果，你也想看見不一樣的自己，想給自己一成不變的生活做不一樣的選擇，那很值得看看辣媽的這本書，推薦給妳！

作者序

辣媽 Shania（郭雅芸）

我曾經很討厭我自己。尤其是在兩個孩子陸續出生之後，我陷入了很長一段憂鬱的時間。我怪自己不夠優秀，即使我已經拿到別人羨慕的學歷、別人羨慕的好工作，還有一個美滿的家庭，我仍深陷在討厭自己的情緒。甚至，我怪罪自己想太多、煩惱太多，還拖累身旁的人陪我一起痛苦。那幾乎每天晚上流淚的日子，大概有 3 ～ 4 年的時間。

直到因緣際會的情況下，有朋友提醒我「敏感」「想太多」是我的天賦，我才開始懂得用不同的角度看自己。原來「敏感」一直默默地幫助我的人生，讓我成為別人眼中體貼朋友的人、讓我成為一個有洞察力的業務員、得到眾人羨慕的工作。 我應該要好好珍惜它。

之後我跟著心所嚮往的生活，告別 14 年的職場，離開外商銀行，踏入追夢的旅程。下了很大的決心，讓自己收入從零開始，之後慢慢耕耘，累積實力，到現在也快 10 年的烘焙網紅人生。中年轉業的路上，我發現最大的阻礙並不是外在環境給我的壓力與考驗，而是「我自己」。在每一次的糾結中，再一次清楚看到真實的自己。原來自我要求高，是來自於自信的缺乏。原來羨慕別人的另一面向，是我討厭自己不夠優秀。原來在婚姻裡的辛苦，也是因為對自己不夠坦誠。每一次接受自己、看到自己的勇敢、安慰自己的委屈，這些都是很大的突破，給了我十足的勇氣，繼續向我的夢想邁進。

我把這些心路歷程，寫在我的粉絲專頁「辣媽語錄」的專欄，每週五分享一篇文章，不知不覺也 4 年多了。因為有些人，難免有著糾結難惴的人生。看了我的文章之後，很多人被鼓舞了，很多人被療癒了，我更在寫作中與大家一起成長，心靈上感到豐收。我很喜歡也很珍惜這些心靈上的成長過程。深深感謝我自己，如果少了「敏感」，我的人生不會如此完整。讓我們一起好好享受這本書吧！期待你們閱讀完之後，可以得到更多相信自己的力量。

CONTENTS

Part 02 女人走入婚姻修羅場 065

CONTENTS

Part 04 我中年了，才懂的喜歡我自己 201

你的人生不需要被人看好！
只要自己豐盛就好

Part 01

那些欠人打臉的人生「經」句

人生要夠慘，才有資格憂鬱？

有一陣子不時看到某位 YouTuber 寫著關於他經歷憂鬱症的事情，讓我有感而發。我也曾經歷過不斷自我攻擊的日子，覺得自己一無是處，希望自己可以就這樣消失。最嚴重的時候，就是生完第二個孩子。覺得自己工作表現很差，身材也沒有恢復，做什麼都不對，最後連自己的個性都討厭。

當時，我會責怪自己老是因為「想太多」的個性，成為別人的負擔、每天晚上哄孩子去睡了之後，就開始檢討今天哪些事情做得不夠好？責備自己為什麼做事不多堅持一點點？責備自己會不會因為偷懶，每天差一點點，之後就差更多了？難道這一輩子就這樣過嗎？

看到這邊，是不是覺得無法呼吸？明明我有個令人非常羨慕的好工作，美好的家庭與人生，但我還是可以把自己罵得這麼慘。

曾經也有人跟我說：「妳已經擁有別人羨慕的人生，那些辛苦的人都樂觀面對了！ 妳的人生有他們慘嗎？搞不懂妳在憂鬱什麼？」這句話當然重傷了我，因為我多了一個「不知足」的萬惡罪名。

但人生不是誰比較慘，誰才有資格可以憂鬱。我的感受是自由的，完全不需要經過任何人同意。請尊重自己正處在憂鬱的感受，不需要去否定或是隱藏。

10 多年前的我，不懂要去諮商，也不知道要看心理醫生。但很慶幸朋友介紹我去參加一場 Henna 課程，在那一次的課程，我了解自己是所謂的「高敏感族」。也從那時候起，我開始懂得用不同角度看待自己。

原來，我以為的缺點並不是缺點，而是「特質」

每個人的個性特質存在一體兩面，例如高敏感族往往心思細膩，做事仔細。以我的例子來說，面對很多事情，都容易因為擔心設想得不夠仔細？做得不夠周全而苦惱。這份細心、仔細的個性有好有壞，為什麼要死抓著「容易煩惱」這種負面的形容詞來否定自己呢？

就這樣，經過多年的練習，我慢慢地建立真正的自信。小時候需要靠跟別人比較，才能證明我的好。現在漸漸地擺脫（非常緩慢）這樣的比較心態。例如：之前曾經跟幾位 YouTuber 相互 Feat，我是裡面訂閱數最少的那個。所以還是難免會覺得……就我最小咖，是不是在沾別人的光？不自卑嗎？

但馬上的，我就會想起自己這段期間的努力、同時理解每個人會因選擇不同，而在不同領域各自開花，無須追求各方面都表現完美。

畢竟，這世界上有人喜歡你，也一定有人討厭你，但盡力了之後，不足的部分，就試著接受結果，這樣才能繼續往前。想要看到更好的自己，就得先接受不完美的自己。想要平靜，就得先接受不平靜。

追求外在肯定，是因為自己真的喜歡？還是因為內心匱乏？

人們總在覺得自己不夠好的時候，才需要藉由外在的肯定來證明自己的好。但心裡面的洞，是無法靠外在事情去填滿的。外在只是短暫的，自己能給自己肯定，才是踏實且永久的。所以，別忘了要常對自己說：「你這麼努力了，我真的佩服你！」

而且，所有的努力都該有個極限，請先了解自己喜不喜歡這件事？體力是否能承擔？畢竟不可能每件事都做得好。所以，**當你走累了，也要練習提醒自己：「就真的很累了，幹嘛再撐？」**
「我也做了很多，別人沒做到的事，幹嘛都拿自己比較弱的部分跟別人比，做得好的部分，就以為理所當然，完全不鼓勵自己。做不好，就狠狠鞭打自己。我會這樣對待別人嗎？既然不會，那為什麼要這樣對待自己呢？」

這樣一次又一次的淬煉，讓自己越來越堅強。**省下那些自我攻擊損耗的能量，就能持續看見自己更好的模樣。**

別想那麼多就好了！

身為一個心思細膩的人，這句話好多人對我講過，我知道大家都是出自於關心。但對這些高敏感的朋友來說，聽到這句話並沒有被安慰的感覺，反而有更多的疑惑。

「原來都是我想太多，原來又是我的問題⋯⋯」
「除了煩惱原本的煩惱之外，這下又要多煩惱一件事：為什麼我每次都想太多？」
「不要想太多，就真的會沒事嗎？」

其實，如果可以想少一點，這麼簡單的話，我早就做了。我一點都不願意想這麼多，但我跟你就是不一樣啊！尤其已經 40 多歲的我，早已經是鑽牛角尖界的資深高手，老鳥，菁英，怎麼可能讓人簡單一句話就打發。請不要瞧不起鑽牛角尖的人！哼！

為什麼會想這麼多？

對我來說，更精準的說法應該是：「為什麼總是擔心這麼多？」例如，我老是會覺得要是我多做點什麼，是不是就可以預防討厭的事情發生？

孩子晚上沒吃飽，是不是應該先幫他準備宵夜？不然，萬一他肚子餓，沒東西吃怎麼辦？只準備一種，如果今天剛好不想吃這種怎麼辦？萬一怎樣我剛好沒想到怎麼辦？因為我知道肚子餓起來很不舒服，看到孩子不舒服，我真的很難受。但每當有這種情況發生時，我發現男人的想法往往很簡單：「餓一下會怎樣嗎？」然後事情就解決了（?）

但是，想這麼多，是因為我們感受比他們豐富、我們有更多的同理啊。你沒感覺是你的事，但我們很有感覺好嗎！這也就是為什麼大多女性在孩子的心目中，就是比較柔軟溫暖啊！

所以想太多，就一定是不好的「缺點」嗎？絕對不是的！只是，如果太多的感受與同理，到後來反而造成了自己的困擾，這時候該怎麼辦？

或許試著接受我們沒辦法全能吧！

不可能所有事情都在我們預料中，但我們已經盡力了，已經買了兩種不同的宵夜，孩子還是不吃，表示他們根本就是不夠餓，不是我的問題。即使真的很餓，偶爾讓他們餓一頓也沒關係啦，他們不夠同理媽媽的用心，那我們幹嘛無限上綱同理他們的感受呢！

那，有時候擔心太多，反而造成孩子的負擔怎麼辦？這……就是孩子自己的功課了！ 他們很聰明的，知道怎麼應付我們，就像我們也會應付自己的爸媽一樣 XDD。

想太多絕對是我們的天賦

不要辜負這個天賦，就繼續想下去！如果我沒想這麼多，怎麼有機會繼續想下去，然後才有機會漸漸看到真實的自己？如果我沒想這麼多，怎麼有辦法描述這些思路的細節，然後跟大家分享，進而寫這本書呢？ 感謝老天給我這個天賦，讓我成為一個溫暖的人。

有時候，**我們因為想太多而困擾的時候，就把它想透徹，我到底擔心什麼？ 如果盡力了之後，還有不滿意的部分，試著接受吧！我們絕對有能力承擔的那些不完美的！**

最後，下次有人再說「你自己想太多了啦」，我們可以勇敢的說：「其實是你想太少吧！」(想太多的人會覺得：這樣互相傷害好像也不太好吧 XDD，這就是我們可愛的地方呀！)

「別理酸民啦，幹嘛還跟他們生氣？」

這句話是不是很熟悉？勸別人都很容易，但如果被酸的人是你，有辦法淡然處之嗎？

無論是生活周遭或是我在本身經營的社群裡，時常會看到一些酸言酸語：

「你不是很厲害嗎？怎麼這麼簡單的事還搞不定？」

「我要謝謝你啊！讓我看清你是什麼樣的人？」

「我們只是小咖消費者，只能任廠商宰殺啦！」

有些可能是老師對學生，或是婆婆對媳婦，或是消費者對店家，上司對下屬。或者衝著你是公眾人物，因為有形象要顧，就只能任由你狂酸。

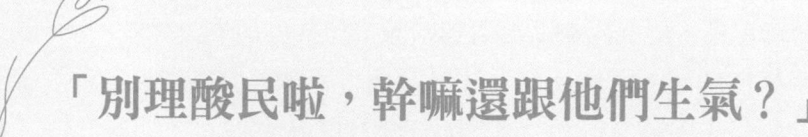

之前我看了某社會事件婆媳對話的錄音檔，感受到滿滿負能量。錄音檔裡，婆婆極盡所能對媳婦酸言酸語（ㄎㄠ　ㄙㄟ、），我很難理解……這年代了，還用這種方式講話（事實上這種人很多）。是多麼怨恨？才用這方式傷害對方呢？

「酸言酸語」往往就是在一個不對等的關係之下，位居上方的人，刻意用很酸的語氣對你說話，發洩他的不滿，要你恨得牙癢癢，但又不敢回嘴。繼續仗著你不敢回嘴，趾高氣昂的，用更猛烈的方式繼續酸。

這時候就會有人勸你「看開一點啦！不要生氣啦，就是有人這麼酸，當沒聽到就好」。

要求受傷的人壓抑住自己氣憤的情緒，不是二度傷害嗎？

如果你很生氣，又怎麼可能不當一回事？被酸的人承受的負能量，會很難被消化或是轉化，那份痛會記很久，可能是一輩子。（我是在說我自己啦）。出口傷人的人，或許只想宣洩自己的情緒，覺得無傷大雅？但別人不是金剛蔽體，怎麼可能不受傷？

他們為什麼不好好講話？為什麼一定要用酸的呢？

我們活在充滿人際關係的社會裡，真的難免會聽到或看到說話無禮、傷人的人。對方可能是討厭你的作為，但直接罵顯得自己「水準」（層次）比較低，所以繞個圈，包裝一下，來個高級酸。即便罵人不帶髒字，卻更傷人。哎～揭下這「偽君子」的面紗下……其實比「真小人」更可恨啊！

又或許對方已經習慣採用「酸」的伎倆，來達到想要的目的。像是為了要殺價？就會說：「老闆這麼忙，沒差我這份生意啦！」要對方妥協？威脅對方？有些臉皮薄的人，被這樣酸一次之後，可能就會直接順對方的意了。一旦對方得逞，之後當然會繼續酸下去。

也可能對方嫉妒你（可能是一種自卑心態作祟？）但你又沒犯錯，也不方便直接罵，所以就用酸的？如果是這樣，那麼，了解原因後，或許我們的情緒起伏就沒必要這麼大了。畢竟那是對方的心理課題，我們不需要覺得自己被貶低。

那些說出口的話，最後都會回到自己身上

不管是什麼原因，出言不遜真的很不可取。這些酸別人的人，也要有承擔風水輪流轉的心理準備，畢竟「囂張沒有落魄久」。這股負能量的移轉，是很難消散的。這些能量，最終會回到他們身上。

讀到這裡，我想各位應該已經明白，了解很多話語背後的原因後，我們就不需要因為對方尖銳的字句而感到受傷、不需要被他們過度傷害，畢竟很多時候是他們沒有勇氣面對自己的情緒，不是我們的錯！下次萬一又被酸的話，不需要強迫自己壓抑心中的不滿。試著把這些背後的原因想得透徹，自然就比較能放下。

希望我們的心越來越抗酸！

善惡終有報

大家是否跟我一樣，從小就深深相信「善有善報，惡有惡報。不是不報，時候未到！」

以前看了超熱血的電影，總是有個大好人，還有個無惡不赦的大壞人，想盡辦法消滅好人，征服世界。情節進行到中段，好人通常都是落魄至極，差點死在壞人手下，每個觀眾都是揪心痛苦，但最終還是可以來個最強又致命的大反擊，壞人絕對沒有好下場，觀眾看得大快人心，去死一死，下地獄吧！因此我們相信，壞人最終一定會受到懲罰，會還個公道給好人。

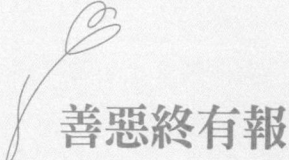

但現實中，誰是壞人？
(除了已經確定違反法律，必須受到制裁的人之外)

從小可能覺得某個同學很可惡，會偷欺負我，偷偷笑我，愛打小報告，裝可憐裝好人，有夠卑鄙……但他還有很多朋友誒！老師還覺得他是好學生，怎麼會這樣？沒有人看清他嗎？

工作場合，有同事對下屬頤指氣使，講話出爾反爾，事後隨便他凹，反正他都沒錯。對老闆超會巴結，明明是空心大爛咖。但是……這種人竟然越混越好，憑什麼？那我這種好人，是「好」心酸的嗎？

公平正義在哪裡？超希望這種人有不好的下場，被揭發真相，被眾人指責，然後滾蛋！！但殘忍的是，現實偏偏又不是這樣！心裡面難以平衡的是，難道我們從小相信的價值，是錯的嗎？

後來我漸漸體會到，一個人再怎麼可惡，都有他值得學習的地方，會巴結也是種能力，不是嗎？公平正義真的不是自己說了算！

尤其，對於性格上容易自責的人來說「善有善報，惡有惡報」這句話，還時常會在我們遇到不順遂的時候，來個落井下石！讓我們不斷自我懷疑，是不是曾經做錯什麼，才得到這樣的「報應」？例如：我生病，是上天給我的懲罰嗎？今天被人嗆難道是一年前我曾經說錯什麼話？還是前幾天我對人惡言相向？

但客觀地想，曾經遭逢不順遂／不幸的人，都是因為自己咎由自取嗎？不一定吧！ 即使你覺得是，那很可能是自己主觀的認定，或許你需要用一個道理去解釋這一切事情背後的道理，然後心靈可以獲得釋懷，然後依附這規則，繼續自己的人生。

但這樣的思維，還是常常出現 Bug 啊！我沒做壞事，為什麼這些不幸的事情仍會發生？

原因看來真的很重要，但……你可能永遠找不到。原因還可能只是自己想像的，世界運行的道理，往往都是自己大腦把事情合理化之後，投射出來的啊。所以，我們有能力，給予「惡報」不同的定義。

沒有人想遭遇不幸，也希望這些關卡快點過，所以我們需要的是深呼吸然後面對，想辦法解決。那些無法控制的自責，就當自己情緒正常的發洩，哭完了，我們繼續堅強的面對這些挫折。像是，有哪些我還能做的？有哪些人我可以找他們幫忙？最終，我們都能從低潮走出來。**然後對於這些看似「惡報」的事情，賦予它們新的定義。……原來！這些都是我成長的養分，讓我對未來更無所畏懼，因為我更相信自己。**

依然要相信行善是美好的

而善一定有善報嗎？行善不是為了要救贖，不是為了要換來好運，萬一沒有得到你想要的結果時，是不是更加失落？其實行善的當下，有種開心滿足的感覺，那已經是最棒的回報了。是否惡有惡報？我們只求自己心安理得，也接受每個人都有缺陷，那不是我們的錯。

而那些我們心中的「壞人」，會不會得到教訓？想想……在瞪大眼睛等別人有惡報的同時，是否也在殘忍地監督／指責自己？

善盡自己責任之後，試著放下這樣的執著，也是對自己最實在的解放。

我都是為你好

很多人會用一種我是好意、都是為你好的態度，來「勸」或是「說服」你應該做什麼事情。但有時候明明是歪理，還可以說得頭頭是道，甚至反過來質疑你不聽勸告，就是頑固。

經營粉絲專頁已經有一段時間，這段期間，有不少前來「指教」的人們。其中有個例子是，對方對我吃東西的樣子很有意見，他是這樣敘述的：「我從小就被嚴格的要求，有教養的人，吃東西是不會發出聲音的。」接著，說他看過太多種不同的頻道，只挑優質的看。除了表明他不是酸民，也表示向我反應是為了我好、才能讓我越來越「優質」（當然還有其他的指教，例如：說我眼睛飄來飄去很難看，說我在家直播時候不衛生、講話又很兇。）

這一切總覺得好像在說，如果我聽不進去就是我見識不廣？或是吃東西發出聲音還不知悔改，實在有夠沒家教？或者肚量小，聽不進別人好意這樣？但我怎麼聽都覺得對方像在教訓我⋯⋯怎麼聽，都覺得不舒服。

講話的方式很重要

「我沒有惡意」、「我只是說話比較直」、「我也是為你好」這些話都不能拿來當作免死金牌，愛講什麼就講什麼？就像上述的例子，一副站在比你高的位置，猶如貶低的方式去說別人沒教養。但真正有教養的人是什麼模樣啊？會是這樣對別人講話嗎？如果真心覺得自己的想法很好，是不是該多一點同理心呢？講話技巧要不要磨練一下呢？

為什麼我要照你的方式生活？

每個人的生長環境不一樣，時代也一直在改變。為什麼要用你個人的框架來框著別人呢？社會是多元的啊！現在看到一堆吃播族，也是一個吃的比一個大聲，有些人就是愛聽愛看！甚至覺得大聲才等於美味呢！總不能在這個年代了，還在說女人應該依照古代那一套，每個人都包緊緊的，才是端莊嗎？

以前面對這樣的人，我常檢討自己是不是曲解了別人的好意？但現在……我實在不想委屈自己。你可以做你自己，我也想做我自己。我不想傷害別人，但你也別來惹我就對了（變老之後，心臟越來越強）

不然我也來那一句：「我是為你好，建議可以多練習一下說話技巧。不然真替你的人際關係感到憂心啊」哈～但，這很可能只是在心裡打「嘴炮」了。

別相信「生氣是拿別人的過錯來懲罰自己」

真正懲罰自己的，是不准自己生氣

往往在我最生氣的時候，總會有朋友或長輩脫口而出：「生氣是拿別人的過錯來懲罰自己。」雖然理解對方的安慰多半是出於善意，但認真想想這句話本身其實是有點問題的，它似乎是否定生氣這個情緒。認為生氣是很糟糕的、不應該發生的行為？

被勸說的人，會因為這樣氣消嗎？往往不會！人們在生氣的當下，還要被人教導……「你不應該生氣」，還有「如果生氣的話，你就是個浪費力氣的笨蛋。」這種乍聽有道理的話，實際上只是粗暴地用一句話來壓抑生氣者的情緒。只因為很多人覺得「生氣」是一種負面的行為。

情緒應該被理解的，不是被直接否定的！

難道「生氣」這個情緒，有這麼糟糕嗎？生氣的情緒一定要被「消滅」嗎？我反而覺得真正能夠讓人氣消的辦法是——被理解；而不是直接被否定！

以我的例子來說，我時常會因為遇到態度不禮貌、排隊插隊、負面留言的人而生氣，因為不喜歡這樣被對待，又不知道如何改變這些情況，因此生氣。

然而，生氣的當下若再聽到別人對我說：「不要想太多」、「你要懂得愛你自己」、「生氣就是拿別人的過錯來懲罰自己」這類的話，就會覺得這些話其實沒什麼幫助，反而讓人更想翻白眼，或是把火噴回去啊！

生氣的情緒該怎麼消化？

那麼，當你感到生氣，又沒有人能理解你時，自己該怎麼消化呢？我想，就是試著抽絲剝繭找到惹你生氣的點（或惹你生氣的人）搞懂對方為什麼會這麼做的原因？當下次再遇到類似的行為時，就比較不會氣到心裡面去，因為我們會知道可以做些什麼來回應。

「或許就因為沒什麼人阻止他插隊，他們才敢這樣做」所以我可以先想辦法，以不傷害對方自尊心、比較禮貌的方式跟對方說不要插隊。

「或許那些留言的朋友只是個性跟我不一樣，屬於神經比較大條的性格，他們在留言的當下可能並沒有惡意！」

「或者，有些人天生就是習慣批評別人、愛罵人，看別人就是不順眼。」

在無法改變別人的情況下，我們需要做的就是慢慢練就不被他人影響的功力。針對讓你生氣的行為或批評，抽絲剝繭想一下是不是自己的問題所造成？如果確定不是自己造成，也不是自己想要的人生，就試著放下，瀟灑地忽略！

如果真的想回應對方，就試著把自己的心修煉好，回應的時候才不會擦槍走火，變成另一場災難。一次一次的試煉，就更能理解自己生氣的情緒，也越來越能接納它。

生氣真的不是萬惡根源，也不是糟糕的情緒。尤其，這世界上心思細膩敏感的人很多，和我一樣愛鑽牛角尖的人，**反而可以透過生氣的情緒去理解生氣背後的原因，藉此更加了解自己並打從心底接納自己，擁有更多美好的能量。對我來說，反而覺得是件好事啊！**

你已經夠好了，別再羨慕別人了

小時候最容易羨慕的對象是：漂亮又成績好的女生。覺得漂亮又聰明真好，可以得到很多目光關注。到了大學，看到漂亮有氣質又溫柔的女生，就會又羨慕又嫉妒。

羨慕是一個情緒，心裡是酸酸的，因為那些東西我沒有，而且可能這輩子都無法擁有，想想就好失落啊！

每當這種時刻，總會聽到這樣的勸說：
「不用羨慕啦！一定也有很多人羨慕妳。」
「妳羨慕她？但妳工作還比她好，有什麼好羨慕的！」
「齁！妳不要想太多啦！」

而現在回想起當初羨慕漂亮又有氣質又溫柔的女生，是有原因的。我是一個外表很恰，只要被男生笑，就一定要嗆回去的女生。不堪入耳的話，我都可以自然地脫口而出的人。即便……其實內心脆弱的要命。

到了大學，跟男生相處時，我還常開黃腔，靠北來靠腰去。我想，我應該就是個空有女性外表的男人婆。曾有一個善良的男性友人，趁旁邊沒有其他人的情況下（還很貼心顧及我的自尊），非常慎重的跟我說:「雅芸，我真心勸妳，再這樣粗魯下去，對妳真的很不好，會沒有男生敢靠近妳，妳不擔心一輩子沒人要嗎？」

令人傷心的是，這位友人他是發自內心，真心希望我「改過向善」，不是惡意批判我的……嗚嗚。

我曾經想過，也許我不是溫柔的女生，所以成長過程難免會經歷跟別人互罵、或被嘲笑的遭遇，甚至還要被勸導改進。這些，對我來說都是一種傷害，**而我內心感受到的這份「不足」，就投射在其他溫柔的女性身上，以為她們會受到大多人的喜愛，認為她們因為溫柔，人生似乎因此而完美（？）**

隨著身旁很多女生開始有了男朋友之後，當然也包括我自己。發現「市場」還真多元，每個男生「喜好」都不一樣，這才意識到每個女生都有各自美好的部分（當然也沒有一定要有伴）青菜蘿蔔各有喜好（不然全世界都賣同一款車子、一樣的電視、一樣的鞋子就好了）。就因為大家都不一樣，世界才這麼多采多姿。用最自在的方式生活，才可以走得長久，也才能遇到讓你相處起來覺得舒服的人。

當上班族的時候，我認識了一位朋友，她年輕又美艷，身材好、家世好，學經歷也不差。誰不羨慕她？但，跟她漸漸變熟之後，才知道她竟然苦惱對象不好找？蝦毀？！她說很多有錢、條件好的男生追求她，背後竟然都是在跟別人打賭，看誰可以先跟她交往。感嘆真心的人太難找了（果然要漂亮到這樣的等級，才會有這樣的煩惱）她擁有令我羨慕的一切，沒想到即使擁有了，人生也沒有因此變得完美！

羨慕任何一個人的時候，有時候不是我們想太多，也不是我們不滿足。有時候反而是我們「想得不夠多」、了解得不夠透徹。與其讓酸酸的情緒一直在心裡繞，不如想想為什麼會有羨慕的情緒？不如跟對方聊聊他的人生，你可能就會有不一樣的發現。

羨慕別人沒有不好，是個可以更了解自己的機會。不需要否定或壓抑這樣的情緒，當你知道為什麼之後，心才能真正的釋懷。

隨波逐流的人生很可悲？

當形容某人變得「隨波逐流」，這句話往往不是稱讚，有時候還帶有些許貶低對方的意思。網路上對這句話簡單的定義是：「比喻沒有堅定的立場或目標，而受環境、外力的影響。」

但，「隨波逐流」真的不好嗎？到底沒主見有什麼問題？順應趨勢所做的彈性調整，就是缺乏堅定立場嗎？

人，為什麼會隨波逐流呢？我想，某些情況可能是因為比較容易得到社會認同。跟大家做一樣的事情，比較不會被排擠吧。

這個「波」裡面隱含太多訊息：應該是多數人莫名喜愛的、多數人認同的，也或許就是當下最適合大眾人的生活方式（或是一種價值觀）。例如，長大了，想過著結婚生子的人生，這也算是隨波逐流吧？

反觀，如果沒有特別覺得人生一定要「隨波逐流」（符合社會期待）地生活著，不好嗎？應該也沒有不好吧？！畢竟人活著也沒有非得要成就什麼大事吧？！而且，往往看似平常的生活，也絕對沒有想像中輕鬆。

我也是「隨波逐流」（或順應潮流？）走到今天的。

2007 年我開始隨興亂做麵包，2009 年開始寫部落格，就因為從小我就是一個喜歡鎂光燈的人。我喜歡表演、喜歡唱歌跳舞，我想要成為歌手、想要當明星。為了成名的夢想，年輕時候我曾經做過很多努力，但因為沒有驚人的才藝與外貌，奇蹟當然沒有在我身上發生。

一開始我的部落格什麼都寫：麵包機食譜、鬆餅粉食譜、辣媽瘦身筆記、辣媽穿搭、餐廳的介紹……，因為我什麼都喜歡。某天我的瘦身 Bikini 文章不小心登上了「無名小站」的首頁，那天我的流量暴增。於是我就「隨波逐流」寫了比較多瘦身的文章，然後就不只一次登上主頁。

後來因為某麵包店食安事件，大家開始瘋買麵包機，我發現開始有很多人看到我的部落格文章，並且喜歡我的配方。我又再次「隨波逐流」地瘋狂整理麵包機文章，並且研發更多食譜。然後在更多的互動裡面，發現麵包有太多我不了解的面向，而且我還真的非常喜歡，想要花更多時間去研究，也想要有更多人看到我，於是勇敢掙脫我的金手銬，離開了金融業。

之後發現大家喜歡大量的照片＋文字，於是我又再度「隨波逐流」，部落格變得有更完整的步驟圖與仔細的說明。說是無私分享嗎？一部分是希望大家可以成功，但更多的私心是因為希望大家更喜歡我，只要給我讚我就會超爽！如果有些人說這些食譜很爛，我也會很不高興，然後下次就少分享類似的！

我就是這麼虛榮，不行喔？

後來我觀察到越來越多人開始拍影片。其實我從孩子小的時候，就很喜歡自己做影片，紀錄孩子的成長。於是，我也跟著拍了烘焙影片，但礙於人力有限，礙於有其他的錢可以賺，這個波……我一直抗拒，覺得想拍再拍就好。這次我錯過了影音一開始爆發的那波，直到 2019 年，我才下定決心，非要再度「隨波逐流」不可，這次賭更大！請我的另一半（滔哥）全職幫我。

問我一直追著這些「波」，到底累不累啊？會累啊！但如果不喜歡的話，怎麼可能一直走下去啊？沮喪的時候，可能就是點閱率、讚數等等不如預期。低落之後，可以繼續下去，當然就是心中那份……對於烘焙、對於經營粉絲專頁、 YouTube……就是一份喜歡。即使今天我沒有這些舞台，我還是喜歡跟朋友分享我喜歡的餐廳，我喜歡吃的東西，我覺得美好的事物。因為這些美好，值得更多人知道，跟我一起享受。

人總有自己的喜好，更棒的是做自己喜歡的事情，同時還能得到認同與掌聲。媽媽不就是一個隨波逐流的生物嗎？孩子喜歡巧克力麵包，就會比較常做巧克力麵包。看他們吃得開心，就是一種踏實的掌聲，自己做夢都會笑。做一次他們不愛的麵包，下次你還會想做嗎？

不然你真的要做自己是不是？（哎～討好孩子也是做自己的一部分呀！）

我想說的是，**不需要覺得自己「隨波逐流」就像是沒有靈魂的生活著，其實你真的知道自己要什麼，而且每個選擇都有你的考驗。**你會想跟著這個潮流，可能是因為自己本來就喜歡，也可能你討厭背著潮流的那種辛苦。

你的任何選擇，背後都有隱藏很多訊息，只是自己有沒有察覺而已。「趁勢而為」與「隨波逐流」的差別，或許就是結果論英雄吧，沒有誰比較高貴啦！

我一路走來，因為追逐那些「波」，而不斷有新的事物可以嘗試、不斷經歷不同的考驗，從中學到好多東西，也因此看到自己還是這麼喜歡掌聲。**所以，也就隨著自己的心去做吧！同時，也接受這看似俗不可耐的「波」也是心所嚮往的一部分。**

機會是留給準備好的人？

這句話應該大家都很熟悉吧！但，什麼是「機會」？ 什麼是「準備好」？仔細想總覺得說得不夠明確。

機會往往不容易發現

過去，在我身為上班族的 14 年時光裡，從事的是金融業的業務。當時公司每年都會給我們新的挑戰。尤其，為了讓年度業績達陣，主管總是會吩咐我們：看到「新的商機」就要立刻把握！

但，事情在醞釀成為趨勢之前，誰可以篤定哪些機會必定具有賺錢的商機呢？往往有 3 ～ 4 成把握時，就該直接賭一把，衝了！不然，等到一切確定才行動的話，那商機早已經沒有好利潤了。

什麼是準備好？

往往，機會在眼前時，總有些人還是會覺得自己還沒準備好，或是似乎還可以更好？甚至永遠都覺得自己還不足，因而卻步。如果一直這樣想，那麼我們根本沒有一件事情可以 100% 勝任、也永遠都無法接受新的挑戰。

很多時候，機會往往不會等你準備好了才發生。就像是，有誰是準備好了才當媽的？大家不都是邊做邊學嗎？

有時，機會是要主動追求的

2014 年的我，決定離開金融業，剛好是我負責的金融商品業績正好的時候。而我，因為太想要完成自己的夢想：想好好經營部落格、粉絲專頁、專心學烘焙，於是離職了（這些細節過程，即將在其他章節仔細分享）。

當時的我，有看到什麼具體的機會嗎？（例如，已經固定跟某些廠商有合作關係？）其實並沒有。頂多是覺得未來「可能」會有機會。

但，若當時我沒有決定去嘗試，那恐怕連發現機會的機會都沒有了。所以說，機會是要主動追求的，要親身踏到那個領域之後，才會發現機會。並不是遠遠看著，單憑想像猜測或者「聽誰說」就可以知道的。

離職之後幾個月，我就主動詢問幾家出版社，是否願意出版麵包機的書？即便不是一開始就順利得到出書機會，但至少我主動去爭取機會。當時雖然也擔心自己不是烘焙師傅，哪有資格寫烘焙書？

但哪時候才算「夠格」呢？

某天，終於有另一家出版社主動私訊給我，問我是否願意出版……當下，我高興死了，馬上答應！畢竟，機會已擺在面前，代表有人覺得我可以！當然不要客氣，接受挑戰吧！

堅持朝著你的夢想前進吧！

也許你曾迷惘困惑，不知道現在該具備什麼能力，才能抓住未來的機會？

我認為，沒有人能預測未來，所以只要堅持做著自己所喜愛的事、對的事就好（畢竟真愛才能長久），慢慢地持續的努力學習，相信之後處處都有屬於我們的機會。

而且，**只要你的心願意接受挑戰，願意全力以赴，這就是最實在且最萬全的準備。請記得，機會是留給勇敢挑戰的人！**

燃燒自己，照亮別人？

有時候會聽到一些年長的長輩埋怨著自己的人生：長久以來另一半的不體貼、孩子不夠貼心、孝順……等等問題。即便在眾人的眼中，他們已經是人生勝利組，卻仍然覺得自己有個「孤單」的人生。因此有感而發，寫下了這篇文章。

記得在國小的時候，總會看到幾篇文章，把蠟燭講得好偉大：某人犧牲了自己的享受，為眾人服務、某人犧牲自己的生命，就為了保護別人。還有偉大的母親，燃燒了自己，無怨無悔的照顧著家人……諸如此類的文章，不斷宣揚「燃燒自己，照亮別人」的美德。

沒錯，願意為眾人利益而犧牲自己的人，真的是非常不容易。但，過度歌功頌德的另一面，就更容易放大檢視沒有「大愛」的人們。而且，很多人以為「燃燒」了自己，再照亮別人之後，似乎就能獲得某種「光環」？別人理所當然要深深感謝你？

這樣的情節，特別容易在「母親」的身上上演。母親的本性（我們都是）本來就是無法自拔的容易把家人的需求放在自己之前。再加上傳統的輿論，習慣將家人的健康、教養、成就……等等責任，都放在母親身上。兩者加起來，母親就更容易不自覺地持續「燃燒」自己，照亮家人了。

如果是心甘情願選擇「燃燒」自己，這並沒有太大問題。問題是出在有些母親在付出的當下，內心是抱持著期望的。期望大家能看到自己的「犧牲」有多偉大？

尤其傳統女性，年輕時面對另一半或是婆家，處處選擇包容、忍耐；雖然這都是當初自己的選擇，最後卻只想到「委屈」的一面、覺得當年都是為了維護整個家庭的完整、和諧，而做的「犧牲」。就這樣一路忍耐到晚年，讓自己累積一肚子怨言。

而有些媽媽，對孩子的付出是希望能有回報的。

孩子小的時候，用心照顧孩子的健康、為孩子的生活、課業努力；孩子大了，媽媽還是繼續操心孩子的婚姻、事業……。為孩子做這些，本該基於對孩子毫無保留的愛使然，心甘情願做的。但很多人卻期待孩子長大後能理解媽媽這輩子的辛苦，並懷抱著感恩的心。

除非真心無所求，否則就別再為了別人燃燒自己了！

其實，我們每個人都是獨立的個體，孩子們當然也是！他們有自己的個性、思想，不可能一生都如你所願的發展。所以，除非你真的可以無所求，不然就別再為了別人燃燒自己了吧。或者早點認清，燃燒是為了自己，還是為了別人？

分享我家的平凡日常，我們家假日中午常常都是我跟另一半（滔哥）自己出去吃飯，再幫孩子外帶回家（因為他們不想跟）。往往從一外出，我就開始擔心孩子哪時候會突然肚子餓？所以，總是邊吃邊想該外帶什麼才能完全滿足他們？

想到要買哪家好吃的鍋貼，但那家店沒有青菜，是不是該分兩個地方外帶？還是回去之後自己簡單下青菜？

吃飯的時候，只要店家上菜慢一點，我就開始焦慮會不會讓孩子等太久。往往好不容易，匆匆忙忙回家之後，

我：「午餐買回來了，快來吃。」
兒子就那句：「等一下⋯⋯我還沒打（電動）完。」
我：「已經有點晚了，先來吃！」
兒子：「我現在玩到一半 我沒辦法啊啊啊啊！」

聽完我馬上整把火燒起來：「就怕你們肚子餓，吃東西也吃得好緊張，整路用衝的回來。你現在是什麼態度？」（媽媽內心的 O.S. 是：媽媽這麼辛苦，你不但沒有心懷感激，還對我這麼兇？）

但……其實是我自己「擔心」他們肚子餓，並不是他們真的很餓啊！

我沿路趕回來，是為了減少我的焦慮，並不是他們真正希望我這樣做的。表面上看來我是燃燒自己，為了別人。但事實上，是為了自己吧？如果真的無所求，是不會滿腹怨言的。

現實一點吧！不用一味浪漫的，用自己想要的方式付出給對方。被拒絕的時候，請看清楚，那是自己的需求？還是對方的需求？也許妳覺得為大家做牛做馬，只希望獲得一聲誠意的感謝，殊不知「只希望」這樣的期待，對別人卻是無比沉重的負擔。又或許別人早已對你表達感謝，只是不如你預期而已吧！

我們的生命有限，別再把希望寄託在別人身上，去做些讓自己開心的事吧！但如果先顧自己，會是個失責的母親嗎？ 這又是另一份功課了。 但至少我們自己可以做到，不輕易批判其他的女性。 **能夠體諒別人的辛苦，最終解脫的是自己。**

為什麼關係一定要圓滿？

我們講究每一段關係的都要圓滿，以為這樣這輩子就不會有缺憾。不自覺就被這樣的「圓滿」而綁架，但卻從沒仔細想過「為什麼關係一定要圓滿呢？」

就因為從小我們受到的教育多半是要我們凡事忍讓、多為對方想、適時懂得自我檢討、凡事要顧全大局。所以在每一段關係裡感到痛苦的時候，往往會先質疑是不是自己的問題？

但，我不禁懷疑，難道「相親相愛」是唯一的選項嗎？決裂、或是放下不管，難道不行嗎？

凡事盡力就足夠了。人生中的各種相遇，都不需要執著於圓滿。尤其「關係」的掌控權不在個人，而是需要雙方達成共識才能和諧相處的。就因為一個人並無法決定兩個人的關係好壞，所以沒有人需要為這段「關係」負全部的責任。萬一雙方的關係弄僵了，或甚至最後關係無法繼續，所以決定分開，都是一種選擇。只要你可以接受，並且對自己的選擇負責，就不需對每段看似不圓滿的關係有著無止盡的感慨。

努力過了，仍然無法和平相處；盡力包容了，仍無法得到對方體諒，那就放下吧！不需要過度討好、糾結，同時也要理解不是每段關係都都有辦法修復到圓滿的。

或許人與人的相處有些誤會是無可避免的吧，**但別人怎麼看待你，不是最重要的。重要的是你如何看待你自己在這段關係裡的努力，才是關鍵**。免去那些自責，我們才可以在這段關係裡面，用更輕鬆的態度去面對與處理。給自己勇氣，相信圓滿的關係不是唯一選項！

只有懶女人 沒有醜女人？

我向來是個不會想花太多時間在保養、化妝的女生，也不會特別在意自己臉上的每個細節。每當有人跟我聊到今天皮膚是否偏乾？口紅補了沒？哪邊又多了一咪咪的細紋。我的專注力大概只有 1 分鐘吧！

偶爾因為工作的需要，必須拍作者封面照，或是上電視節目前必須讓專業的化妝師幫忙上妝。前一天都會被吩咐：盡量要敷上面膜。為了讓自己的狀態更美，讓化妝師工作更順手，這樣的要求當然是可以理解的。

但可能臨時抱佛腳的效果不佳，我還不止一次被說：「平常就要保養啦」、「妳你皮膚太乾了，這樣會老得很快喔」。這樣已經足以讓我感到不開心。如果再補上，「只有懶女人，沒有醜女人」就更讓人火大了。

說我懶？說不定我還比你勤勞誒！

為什麼女人，一定得年輕漂亮？

電視上永遠不缺漂亮的女生或女明星，以及看起來很減齡的美魔女。

媒體有時會特別關注這些美魔女：
「平常怎麼保養的啊？」
「哎呀～其他女生站在妳旁邊，都要汗顏了」
「這是妳女兒？不可能！是姊妹吧？」

感覺大家對「美魔女」的定義似乎有點狹隘？

我曾在35歲的時候，參加（小型）美魔女的比賽，最後因為有得獎，還記得主持人也問了我一句：「有沒有人跟妳說過，妳跟女兒像姐妹一樣呢？」當下我尷尬地回答：「我女兒才5歲，我們怎麼看都不像是姐妹。」

空氣當然就凝結了。

「美魔女」的定義，除了外貌之外，應該還包含了興趣、工作、家庭……等等。美魔女可是有很多人生歷練的，若純粹因為沒有保養到位，就被說是懶女人，實在滿滿的委屈。

在批評的當下，你可能沒想到其實我很忙誒！上烘焙課、自己研發麵包、一大堆工作、寫文章、整理家裡、買菜、煮飯給小孩吃、處理孩子的事。哪一樣不花時間呢？與其常常上美容中心保養，一次包含來回交通，至少2～3個小時就沒了，我選擇在家悠閒做個麵包或是其他事。就因為很久才會想去保養一次。平常沒花那麼多時間在臉上，當然無法換來零毛孔、吹彈可破的肌膚啊！

不需要一直勸別人「不要當懶女人，要勤勞保養」。沒有誰必須遵從別人對美的標準。

為什麼皮膚一定要水潤？
為什麼女人就一定要花那麼多時間在外在呢？

拜託！別將自己的標準，硬套在別人身上。**對於每天忙於照顧孩子、家庭，都沒時間照顧自己外表的女人，一點都不應該被批評。相信她正盡心盡力的對家庭負責，怎會不美呢？**

我覺得談吐、以及持續做自己熱愛的事情，才是最有效且持久的保養品。每個人熱愛的事物不一樣，不應該限縮在外在的美麗上。

當然，我覺得重視外表的人，也沒什麼不對。因為他們可是花了很多時間研究嘗試，他們跟我們一樣，做著自己所熱愛且在意的事，成就了他們想要的人生。這樣也很棒啊！（當我偶然想到要保養的時候，能問問他們的經驗，這樣就可以幫我們省去很多時間去研究呢！）

做妳喜歡的事，保持一顆熱忱的心，我們都是最美的女人！

壓力是件美好的事情

很多人都知道，壓力會對我們的身體有不好的影響。久而久之，只要身體有狀況，就全部歸咎在壓力上。然後 我們就會常聽到有人勸別人說：

「生活這麼忙，太累健康會有問題啊！」
「最近又胃痛？你就是壓力太大，身體才會這樣！」

有些人是基於對你的關心，才會這樣跟你說。但當身為高敏感又喜歡工作的我，聽到這些話其實並不舒服。彷彿工作繁忙，或勇於挑戰的人承擔了壓力，就是不愛惜自己，還會搞壞自己身體一樣。

有時候他們還會補上說：「拿健康去換錢，是最笨的人。」

我不禁回答：「難道有壓力的事情都不要去做嗎？沒有壓力，就一定不會生病嗎？」他們接著說：「不是！要有適當的壓力！」

什麼叫適當的壓力呢？六分力氣？八分力氣？有個尺可以衡量嗎？

我想，連醫生都無法明確指出，你生活中的某件困擾的事（例如被老闆刁難），就是造成你胃痛頭痛的原因。所以不要隨便對別人說：「你壓力大會生病。」這句話的感覺，是指責大於關心！

壓力一定不好嗎？

如果有個超棒的工作，或者是一個競爭超激烈的比賽等著你去挑戰。（可能是馬拉松賽、烘焙比賽……等等）當你對它非常期待、有著滿滿動力的時候，即使那背後是壓力，你也會不顧一切去承擔。

或者，當你決定要生個小孩，之後的生產、養育，哪個階段不是滿滿的壓力呢？那為什麼還決定生孩子？（當然有時候是衝動）承擔這些壓力，身體就一定會變差嗎？**難道不覺得，有了這些壓力，生命變得更堅強？**

會讓你不開心的壓力……，往往是你不願意承擔那件事的時候，會覺得這份壓力是很巨大的。像是被老闆交代一份你很討厭的工作，不想做但又推不掉。或者要去跟討厭的人示好，只為了職場生涯可以順暢一點。或者過年，面對那些親戚的追問或是尖銳的評論，不想回答但又得做做表面功夫。

如果覺得這些壓力大到不想去承擔，試著把它當成功課，學習去拒絕！雖然很少人天生有辦法毫無罪惡感地拒絕別人，但請相信自己，這是可以學習的。如果還是無法拒絕，或許代表這件事有它的必要性，因為目前你還沒有足夠的勇氣去承擔拒絕的後果？也可能承擔這些事，對你或對誰是好的，才不得已要去做呢？

這樣理解壓力之後，它是不是相對沒那麼沉重了？

壓力是成長的機會

我從金融業離職到現在邁入第 10 年，從寫書、寫業配文、教課、團購、拍攝影片。每一次跨出去，都是全新的挑戰。挑戰就是壓力，每一個領域都要面臨激烈的競爭，難免會因比較而失落。也因為贏不了而倍感壓力，充滿自責。

在跟這些壓力搏鬥的時候，我卻也慢慢轉念了！覺得自己做的沒有比別人好，一開始對別人成績的嫉妒，漸漸轉為對別人客觀的佩服。拿拍攝影片來舉例好了，自己盡全力去拍攝時，才發現事前就必須要有完整的規劃，包含發想、腳本……等等都不能隨便，拍攝過程中也有好多堅持。為了呈現更美的麵包，該用什麼配方，擺盤應該怎麼設計。拍攝完之後的後製剪輯又是另一個關卡。即使這麼辛苦，還要每週持續的去做。

原來……所有的競爭者都是如此辛苦呀！漸漸的，我不那麼嫉妒別人的美好了。 而我自己就在這些求好心切的壓力中成長了，包含拍攝技巧、主題的發想，還有面對每一次觀看率好壞，心情也變得穩定。對我來說，這些過程是生命中很美好的事情，從壓力中學習來的一切，是滿滿的成就感！

所以，**如果你對壓力感到恐懼，或許你誤會它了！你沒細想過它背後的真正原因，你還不知道它背後藏的禮物。壓力的背後是機會，我想好好把握它！**

下次你或許可以這樣跟高敏感的朋友說：

「生活這麼忙，一定充滿挑戰，感覺很充實！」
「最近又胃痛？希望你有時間看醫生，有時間休息，相信會好轉的。」

父母老了，再不孝順，你會後悔！

「等父母老了，再不孝順，你會後悔的！」這句話是多麼可怕的情緒勒索！已經 40 多歲的我，看了太多表面看似和樂的家庭，事實上卻千瘡百孔，只是你有沒有機會知道而已。

最嚴厲的修煉之一，就是跟與父母的關係。

在朋友聚會的時候，常會聽到有些人，飽受父母關係的困擾：

「我媽一直說，40 多歲了還沒結婚，真是沒救了」

「我媽說，妳才一個孩子而已，就累得跟狗一樣，真搞不清楚是怎麼帶的？那我以前一次帶 6 個，還不是撐過來了」

「為什麼不生小孩？妳對得起自己的婚姻嗎？」

「妳都結婚幾年了，還不會煮飯，小孩的健康都沒在顧嗎？」

「女人啊！把家裡照顧好就好，錢賺得比男人多，小心婚姻不幸！」
「妳三餐都這麼不均衡啊？每一餐都要有五個顏色！ 小心亂吃得癌症！」

當然還有更多不堪入耳的話，不可置信的故事，以上舉例只算是日常嘮叨而已。 我也看了些長輩，動不動分享「天下無不是的父母」類似的貼文，裡面寫著：
「我們年輕的時候，對孩子無怨無悔的付出。孩子長大後，對我們斤斤計較。當初無微不至的呵護，換來愛理不理，態度惡劣的對待⋯⋯」

還引用看似名人說過的話：
「即使這個人多功成名就。只要讓父母傷心，他仍是一個卑劣的人」。類似的文章，在過去的年代，被大家視為理所當然。所幸現在已經慢慢成為「奇文共賞」了。

孝順這十字架是沉重的。有些朋友每逢過年過節就焦慮，甚至有些人已經有幾年不回家過年。

面對父母為什麼會恐懼？

1. 即使不想順從，仍有至深的罪惡感

不想結婚、不想生小孩、不想要當公務員……。即使我們盡力的經營自己的人生，但仍「辜負」了父母對我們的期待，讓他們掛心難過，是我的錯嗎？

無法達到他們的預期，也不想再爭辯，因為爭辯只會徒增自己的罪惡感。所以就避免見面？

2. 無法改變對方，也不想改變自己

父母也年老了，期待他們改變想法，真的太難了。雖然我們覺得那些言論太過荒謬。但在心裡深處，仍然會被那些話語綁架。每每想要自我突破，又被那些話語拉扯著。所以對著自己的父母，又愛又恨。感謝他的養育之恩，但卻又痛恨那些傷。這就是為什麼在面對親子關係的時候，總是萬般糾結。對話只要一兩句，就可以拉扯出累積千年火爆的情緒。

有些父母的確會以愛之名，仍是圖想掌控你。但重點是，自己心中拉扯著恩怨情緒，你仍會中招，他們才會繼續用一樣的方式來跟你相處啊。

「無法順從」不等於「不愛父母」

把這兩件事情分開看，就會好一些。他們有他們的預期，即使再怎麼努力，我們仍無法 100% 成為他們所想要的子女。因為我們有自己的靈魂，自己的人生。他們對我們失望，他們的遺憾也是他人生功課的一部分，我們沒有必要去替他們完成。如同，他無法成為我們 100 分的父母，但親子間彼此的關愛仍深深牽繫著彼此。

別一昧地勸人孝順，因為你從不知道別人的家庭發生了哪些故事，你不知道對方經歷了哪些辛苦。當朋友對你訴說自己與父母間的困擾時，或許就多傾聽，不需要給太多建議。更不要「教訓」的口吻對他們說：「父母老了，你再不孝順，你會後悔」。試著溫柔的說：「我相信你已經盡力了，辛苦了！」……也別忘了跟自己這樣說。**唯有認可自己的努力，緊繃的親子關係，才有慢慢鬆綁的契機。**

圓滿的婚姻必須從圓滿自己開始

Part 02

女人走入婚姻修羅場

當初為什麼要結婚？

每一次跟老公吵架，就會問自己：「到底為什麼要結婚，然後順便再複習一下吵架的 FAQ。

1) 為什麼要結婚？

2) 為什麼當初是跟他結婚？

3) 為什麼要生小孩？

4) 為什麼現在還在一起？

其他，還有什麼？……請大家自行填空。

以上這些問題，相信已婚的大家，也都感到五味雜陳吧？

婚姻就是，不管多細微的生活瑣事，都可以吵得不可開交。

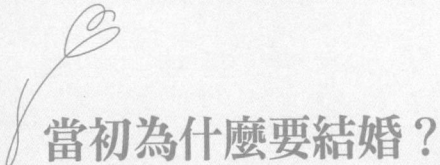

我跟滔哥就很容易因為家裡的水電問題吵架（當然不只這些事！），滔哥覺得自己可以搞定，但我覺得請水電師傅來處理，不是快很多嗎？

前陣子，我們決定要裝免治馬桶，我請他上網買，他跟我說 9500 元含安裝。（我們夫妻的各項家庭支出都是各付一半；所以這筆安裝費我付了一半）。

到貨那天……
我問他：「負責安裝的人，哪時候會來？」
滔哥：「喔，不會有人來。」
我：「咦？當初不是有安裝費嗎？」
滔哥：「對啊！但會是我安裝。」
我：「所以是你要自己安裝？你當初買的價格是不是低於 9500 ？然後你有多跟我收安裝費，是嗎？」
滔哥：「對啊」
嗯……安裝那天，他大概弄了 2 ～ 3 個小時吧！已經晚上 11 點多，我還真怕空空空聲音吵到鄰居睡覺，孩子也要睡了，這種踩到孩子作息的線，我完全無法忍受。臉已經臭到不行，他也是極度不爽。

我們夫妻大多時間都一人一半，所以這樣算錢的行為，並不會特別突兀，但重點是之前已經好幾次，他在修理的時候，我要在旁邊顧孩子，多問他還要多久，他會不耐煩的回答：「就快好了啊，妳有這麼急嗎？沒看到我還在忙嗎？」，我無法接受我在付錢的情況下，還要受對方的氣，還要管孩子不要去吵爸爸。請問，這是什麼服務？我寧可給水電師傅賺，快速準確還會鞠躬跟我說謝謝！

那天氣氛非常緊繃，他看我很生氣，最後決定不跟我收安裝費了。之後他幫忙小修理的水電，我們只共同負擔材料費，他再也沒跟我提到安裝費。我猜，是他理解了我的感受。

過一陣子，我們家的燈泡壞了幾個，都是內嵌式的，看起來有點麻煩複雜，我也開口希望請水電師傅來換，但是滔哥希望自己修理就好。

他已經不只一次跟我說：「妳就讓我試試看不行嗎？」所以這次，我沒有講太多，也沒阻止他自己先去買燈泡。

隔幾天，滔哥已經上網買好燈泡，因為我還是擔心更換有點麻煩，所以再次問他：「那個你知道怎麼裝嗎？」我完全沒有質疑他的意思，但他已經累積數萬次對我的不滿，他就發飆了。

滔哥：「妳就是在懷疑我，是嗎？」
我：「那個看起來就真的不好裝，我不過問一下，如果你覺得麻煩，我們就找人來就好。」
滔哥：「妳就是不信任我啊，不然幹嘛問？」實在有點莫名奇妙。
我：「我真的沒那個意思，你幹嘛這麼兇，你是自己心虛嗎？」

然後就是一陣相互對質，他覺得我傷他自尊，我才覺得他傷了我的心。

夫妻就是這樣，這樣無聊的事情，也可以吵到呲牙裂嘴。抱怨給別人聽，講到一半自己可能都會笑出來，但下次還是會繼續吵到很火大。吵架後，彼此都覺得自己的心受傷了，但還是要帶著有點不平有點委屈的心，試著體會對方的立場。然後漸漸的，還是要能接受理解對方的感受，畢竟自己也希望對方理解。這應該是我對婚姻最大的體悟吧！

回到「當初為什麼要結婚」這句話

婚姻的最開始，當然就是愛啊！想照顧他，也想被照顧，不自覺還是會關心對方，分開了會難過，雖然知道婚姻可能會辛苦，但還是決定一起生活吧！

過了這些年，就在這些微不足道的小細節中，累積的很多衝突無奈。在婚姻裡面，女生很習慣把別人的感受放在前面，然後累死自己（但不可否認，滿足別人也是我成就感的來源）。再來，身上多了個孕育下一代的器官，懷孕生子這件事情沒人可以代勞，這些過程回想起來都是辛酸血淚。重大節日以夫家為優先等等……平常相處愉快，就不會太計較這些，一旦吵架，就把所有的委屈犧牲全部都想一遍，然後獨自一下超委屈的放聲大哭，一下又覺得好像自己想得太嚴重，轉為小小啜泣，這樣來回也是可以哭一陣子！

吵架時候，當我看到對方憤怒的臉，表現出「我也是受害者，好嗎？」，我當然不甘心，但也彷彿看到生氣的自己，我覺得，當時我一定也有可惡的地方吧？

試著和解吧！我們一樣都不好受。

吵完了，也說開了，滔哥討厭我講那句「你是心虛嗎？」我跟他說「是你激我的！」，朋友們……來杯酒或來根菸吧（偏偏我兩個都不碰）。婚姻就是這樣一回事，沒辦法每件事都能爭誰對誰錯。把「尊嚴」放到最大，對兩人關係可能是傷害啊。

這一輩子真的不需要什麼豐功偉業，光是消化這些相處中的怨懟，還能繼續走下去，我就已經很偉大了。

現在已經結婚多年，去想當初該不該結婚也無濟於事了！婚姻並不是只有爭吵，還是有很多溫暖的一面。如果這樣的生活模式，仍是自己比較喜歡的模式，擦乾眼淚，繼續待在這婚姻「修羅場」，讓自己變成更圓滑更有智慧的一個人吧。

老公在你眼中如「屎」般的存在？

老公、另一半、室友？在老婆的眼裡，是怎樣的存在呢？

還沒跟他交往之前，或許他是個讓妳很想要進一步認識的人，甚至是仰慕、欣賞、很喜歡的對象。

在一起之後，或許他是個很會照顧妳、可以陪伴妳、可以成為妳的依靠的人。

但是，當結了婚，開始有了你家人、我家人的事情要協調時，是不是已經開始令妳感到失望？

接下來，當有了孩子之後……關係可能就徹底崩壞，讓妳不想再提起這個人了吧 XDD。

說到老公這種生物……

我來分享一下我家老公的情況吧（不知道妳家的老公是不是也這樣呢 XDD）

每當孩子有狀況，急得要死的往往是我，男人總是可以一副「這有很嚴重嗎？」的態度。

孩子的尿布，明明就固定放在那個位置，不知道為什麼他每次都要再問一遍？

在水槽洗碗，把碗拿出來之後，水已經到處滴，他竟可以沒發現，還任由他髒髒的腳踩來踏去，讓整個地板都髒了！

還有，每次看他把碗放到洗碗機裡的方式，我頭都痛了！若依他的邏輯擺放，根本放不了多少碗就滿了（空間感是很差嗎？），還得讓我重新拿出來再排一次。

請他協調一些事情，他一副「我也很為難啊」的反應。啊？……所以……委屈我只能往自己肚裡吞嗎？

還有，之前因為他手滑，把我鍋子摔到缺一角，心愛的盤子、杯子也是……再講下去，我都要成為怨婦了。為了避免更多災難（？）或危機（？）不斷在我家發生，總覺得自己必須週而復始地提醒他小心一點才行。但，也因為這樣，還要被他靠北說老婆婚後都變了，只愛小孩都不關心他的感受。其實，我也身心俱疲，傷痕累累啊！

所以，當自己忙著帶孩子的時候、做家事的時候，我常常嘴角顫抖，心裡面 O.S.「要這男人幹嘛？」男人真是「激似」是無用的存在？越想越氣，心裡整把火。

別人家的老公總是不會讓人失望？

有趣的是，當我們跟自己朋友聚會的時候，就有機會聽到不一樣的聲音。

例如，某次聽著男性友人聊著聊著，開始抱怨起老婆。他的老婆要求他在疫情期間除非有特殊狀況，否則不能出門、不可以成為家裡的破口。那段期間，他幾乎無法出門。非得出門時，還有一堆規矩要遵守，很多地方都不能去，回家後只能直奔廁所、立馬洗澡之後才可以在家裡走動。常常被老婆嫌東嫌西的……

聽完這些，再看看他無奈的模樣⋯⋯還真有點同情他。心想「這老婆好像管得有點嚴耶⋯⋯」。他人平常人也不錯啊，工作上也是個受歡迎的主管啊，誒～人家在職場上也是個厲害的角色捏！怎麼被嫌得很沒用這樣。

還有，不只聽過一個男性友人抱怨，說他們是家中最沒地位的一個，地位甚至比家裡的寵物低。所以他們反而喜歡工作，當個主管至少還能在部屬面前耀武揚威。看他們這樣半開玩笑的說著，總覺得幽默中帶著些許無奈。

忍不住聯想到我們家滔哥，好像也是這樣的存在。

問他晚上要吃什麼？他總是以孩子為優先、老婆為優先。平常點餐的時候，他往往都先不點，讓我和小樂、小彤個別點一份，反正我們都會吃不完，他光是負責吃我們三人剩下的食物就飽了。

他們就是個性「隨和」，隨和久了，可能演變成「大而化之」進而變成「廢菜」（直接放棄掙扎 XD）這樣想想，他們應該也有滿腹委屈⋯⋯。畢竟都做這麼多、讓步這麼多，沒想到還是被我們嫌到豬狗不如。

試著換個視角看老公吧！

如果我換個視角來看滔哥，在別人眼中，他應該是個熱心的朋友？幽默的學長？暖男？既聰明，脾氣又好的老公？（讓我翻一下白眼防憂鬱）

那妳呢？

有多久沒正眼看他了？直接斜眼白眼看？還是直接不看？只要有聽到聲音就好？ 還是連聲音聽了都倒彈？

男女間的差異還真不小，他們就是「慶菜」惹毛我們，但也因為「慶菜」而包容了我們。兩個人相處久了，彼此的好，早被視為理所當然；彼此的不好，也早已被無限放大幾萬倍還不夠！甚至時不時會在腦袋裡迴盪再放大。

婚姻裡存在著太多委屈和太多衝突，實在無法一一道盡。只要記得，**無論如何都先好好的疼惜、感謝自己在婚姻裡的的付出，之後，也不忘換個視角看看另一半，或許就不那麼討厭了**。畢竟他是家庭中唯一的戰友，也是我們預計要相處長長久久的伴侶。試著說出自己的委屈，也多感受一下他的付出，希望我們在疲憊之餘，還能感受到家庭中帶給我們的幸福與溫暖。

AA 制是婚姻殺手？

在我的粉絲專頁上，蠻常跟大家聊聊我的 AA 制。感覺上，只有 5% 或是以下的夫妻跟我一樣。而且，我發現大多數的女性都無法接受要跟另一半 AA 制這件事。

有人因此在我粉專留言說：「不然生小孩也 AA 制啊？」
也有人說：「婚姻這麼計較，那還結婚幹嘛？」

那麼，我就以資深「AA 制夫人」，來跟大家分享我的經驗談吧！

打從我跟滔哥在大二那年交往開始，滔哥就非常帶種的對我說清楚：「我的錢是我爸媽給我的，不是我自己賺的。我不想替別人養老婆，我不會請妳吃飯喔！以後就一人一半。」

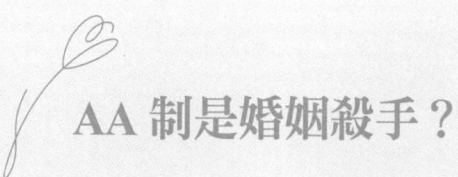

在那個多半都是男人付錢的年代，為什麼我能接受女人自己出錢呢？我想，可能是因為好強的個性使然吧？覺得我們女人在各方面的表現又不輸男人，幹嘛要男人出錢？加上，我也覺得對方講得有道理，他確實是花父母的錢，幹嘛一定要請女生吃飯。所以，交往之後，我們就一直是這樣一人一半到現在。

（因為乍聽之下可能會覺得這男人太沒品，所以我也必須說說這種男人的好處：表面看來也許是吝嗇，但另一方面也能感受到他沒有傳統男人的包袱。他不介意強勢的女性、沒覺得女性一定要溫柔、要會下廚、要能扮演賢妻的角色……這樣的他，讓我可以做我自己、追尋我想要追尋的夢想，而這一路他也一直是 100% 的支持著我。）

我家的財務到底分得多清楚呢？

我們夫妻的財務應該可以說是分得清清處楚！例如，一起吃飯時，我點海鮮麵 120 元，他點肉羹麵 80 元。這時候如果各自吃完，那就各自出自己的錢 120/80，如果他吃了我點的海鮮料，那就一人出 100 平分。停車費 30 元，先出的那個人，也會跟對方要回 15 元。

每年報稅時，更是算得清清楚楚。你媽算你的，我媽算我的，扣除額算一算，各自領多少錢，算出得繳多少稅之後，關於各自應該繳付多少稅額，也都要雙方都同意該算式才行。

但因為我懶惰，所以還在當上班族的時候，連續幾年的報稅都讓他計算加上跑腿。有時候，我還曾質疑他可能算錯。某年他「度爛」了！直接開口跟我收「手續費」2000 元。雖然我心中不太爽，但還是給了，畢竟報稅這件事，我是真的又兇又擺爛，所以知道他很辛苦。

財務一人一半是最好的方法？

我曾經很驕傲 AA 制是個非常周全的方法，雙方各自賺的錢自己管理，家庭裡的各項支出就是一人一半，沒有誰賺得多就要占誰便宜這種事，畢竟賺得多是你的本事，跟對方無關。

家務事也是一人一半，今天我洗衣服，明天換你洗。帶孩子也是一人一半，這樣很公平，不是很好嗎？

但，問題來了……如果兩個人要的生活品質是不一樣的，如何一人一半？

結婚前，我們拍了婚紗照，因為平時我就超愛拍照，婚紗照每一張都捨不得刪，所以挑婚紗照時就以原本婚紗店設定的套組，再額外多挑了 70 張。當時滔哥覺得太浪費錢，但我超想要保留自以為可愛的照片，那怎麼辦？

還能怎麼辦？誰在乎，誰就得自己想辦法！所以，多出來的 70 張當然是我自己出錢！

婚後買車，他只想買中古國產車，但我堅持要四個圈圈的全新進口車。我就是愛進口車的外型還有內裝（不過，我確實不懂性能，純粹是看中它的外表就是了），喜歡坐在那部車子裡面的感覺，覺得那就是一個我喜歡的品味和質感啊！

但，為了得到這質感的代價，就是錢成就出來了。

滔哥覺得錢沒需要花在這邊，而我無法接受他想買的車。所以，我先問他願意出多少錢買中古車；請他只需要支付那筆錢的一半給我就好（假設買中古車也是一人支付一半的費用），剩下不足的餘額我會自己補足去買四個圈圈的入門款。

我是個很喜歡賺錢的女人，我有能力而且我願意很努力工作去實現我想要過的生活。我們彼此想追求的生活很不一樣；而我並沒有權利要求他跟我一樣花那麼多時間在工作上。

難道我都沒有怨言嗎？都不曾質疑過這樣的財務模式嗎？

會的。每當我生理期或身體不舒服，卻還得撐著身體工作，同時看到我所「假想」的好命的女性朋友們，剛好在 Facebook 或是 IG 上分享去哪享受或看起來悠閒開心的照片、又或是分享生日當天，收到老公一大束花，外加無敵貴的鑽戒時……我的心裡就會上演看盡他人老婆被寵愛，唯獨自己沒人疼惜的苦命戲碼。然後藉機哭得痛徹心扉。但我沒多久就會醒來了，因為我並不是真心喜歡別人的生活。

決定一直 AA 下去嗎？

婚姻真的很難「公平」，畢竟彼此認定的「公平」也許不一樣。財務這件事情，如果能講清楚雙方一人一半，已經是我覺得比較不會讓夫妻爭執的方法了。

兩個人一起生活，還真的不簡單。回想自己在婚姻裡，即便經歷無數次爭執之後還能和好，都是因為每次被傷害後，依然能感受到對方的在乎，所以雙方才能繼續維持住這份關係。

所以，婚姻啊……很難說誰命好，誰命不好。

因為……

這不是一個可以被公評的「事實」，而是一個很主觀的「感受」。原本什麼都算清楚的我們，在這些經驗中感受到了，有時候若誰願意先讓步，當對方能感受到你的善意，下次他也會願意讓步的。這樣，有些重大決定，就比較能彼此支持。也就是說，我們依然保留大多事情都採 AA 制，但有些事會保留討論的空間。

這篇文章是想傳遞婚姻裡面不同的財務模式都有它的好與壞。一人一半，看似簡單公平，但卻也不是想得那麼簡單。**兩人只要有共識，不管什麼制都是好的。 但記得要保留彈性，畢竟在婚姻中，每個階段都有不同需求，兩個人在事業上的發展也不同**。持續溝通，感受彼此需求與善意，共同討論出調整方向，這會是我心中最美好的方法。

下輩子你還想當女人嗎？

某次看了陶晶瑩和陳文茜的對談，覺得蠻有感覺的：

「下輩子妳還想當女人嗎？」

這是陶子姐提問的。而她們兩人的答案都是：「如果可以選擇，下輩子當然要當男的！」

令人感慨呀！兩位都是很成功的女性，但還是覺得社會依然存在著很多男女不平等的現象，當女人真的好辛苦！

我一直以身為女性為榮，從不覺得男人就應該比較優秀。但我們從小就被教育，女生未來就是要以家庭為重：要會煮飯，要柔順，不能恰北北，留一點給人家探聽。平時嘴巴要甜，不能太邋遢，身材要維持，不然會被笑，或是嫁不掉！還有，不可以搶盡男人風頭，在事業上太有成就的女人＝家庭不幸福……等等的。

是有需要這樣卑微嗎？

除了這些之外，其實我最痛苦的就是每個月來一次的月經，來之前就已經容易火冒三丈，來的時候又會悶痛不舒服，過了之後，好像又很容易感冒。然後，沒多久……下個月又來了！

生孩子也是好辛苦。肚子在我們女人身上，回想當初我安胎的時候真的好痛苦，也沒人可以替代我躺在床上。生完之後，一顆心又一直懸著孩子，當了媽媽的女人真的很不自由啊！

另外，女性天性比較纖細敏感，常常替別人想，所以常常搞得自己心情不好……以上，都是我覺得身為女性很困擾的部分。

那身為女生有什麼優點呢？

1. 就算沒有很努力，也沒太多人會怪你。稍微單純一點也沒關係。
2. 可以嘗試各種風格的打扮。
3. 可以對著男偶像尖叫。
4. 可以說：「我那個來不舒服」，這樣別人就會稍微善良一點。
5. 說妳是孩子的媽，別人可能就會對你友善一點。
6. 母親節慶祝活動比父親節來得盛大。
7. 愛哭也比較沒關係……

綜合以上優缺點，如果可以選擇，下輩子還要當個女人嗎？

「我不要！當女人太辛苦了！」

到底是我太嚮往男人的那種灑脫自在嗎？還是每個月折騰我一次，覺得太痛苦？其實我也不知道耶！

只是這輩子已經不能改變，我們還能怎麼辦呢？

身為女人，就盡可能不要再為難其他女人

女生沒有一定應該要怎樣，所以任何人都不必「好心」得去教導別人應該怎麼做。

當我念了上述這些當女人的缺點給我青春期的女兒聽，問她是否感同身受？她回：「那是你們那年代的事」（是說我是老人膩？）。我再問她：「那我們有跟妳說，身為女生一定要怎樣嗎？」她說：「沒有啊，除了吃飯時候，叫我不能把腳踏在椅子上之外，其他沒有。」我想時代還是有慢慢地改變，所以下一代女性的束縛會比我們少很多，這真的是件好事！

多享受身為女人的快樂吧！

對我來說，女生最大的樂趣之一，就是讓自己看起來舒服漂亮。可以嘗試各種穿搭風格，搭配不一樣的首飾。還有在廚房裡摸東摸西，感受料理的奇妙。沉浸在一些小細微所帶來的幸福感。然後偶爾情緒勒索自己的孩子：「你媽為你們犧牲很多、你媽真的很偉大！」XDDDD

掐一掐自己的大腿、小腿……軟軟的，也滿療癒的……。

我問了滔哥：「下輩子如果可以選，你要當男人還是女人」
他完全沒有一絲懷疑的回答 ：「男人」。

他也覺得女生比較辛苦。

雖然，感覺大多數的人，還是覺得當男人比較好。但，換個角度想想，如果人的一生，幾世都是在修行，最終點就是修得圓滿不需要再輪迴（白話講，就是要把點數集滿就完成任務），那我覺得身為女人，拿到的點數一定比男人多，不然誰想當女人？ XDD

敬！偉大的女性們！即使辛苦我們還是很懂的苦中作樂的，我們一起相互取暖吧！

已婚且有孩子的人，是不是更有活下去的動力？

「已婚且有孩子的人，是不是更有活下去的動力？」

之前一位單身的朋友這樣問我，當下我的答案是肯定的。只是一時眾多紛亂思緒湧現，情緒變得複雜。

還是單身的時候，可以幾乎什麼都不用管。但有了孩子之後，感覺自己變得又脆弱又堅強。最脆弱的，就是萬一孩子有什麼狀況，我的世界會瞬間崩潰。另一方面也為了保護孩子，為了讓孩子更好，身為母親總是可以一直ㄍㄧㄥ下去、變得無比堅強。是母愛，也是責任，孩子是婚姻很重要的一部分。

很多人認為婚姻可以帶給人幸福；但我覺得往往也是婚姻，帶給人最多的痛苦。

很多人誤以為結婚可以終結孤單，但結婚之後，即使身旁有人，但卻沒人能理解你的辛苦，反而更顯得孤單？

人來到這世界上，到底是為什麼啊？我也不知道耶……努力的念書、工作、有個漂亮的「履歷」，就可以找到比較好的對象。尋尋覓覓終於找到伴侶，一起有了孩子，以為就此完整了生命。但一直走下去，才發現似乎沒有一刻是真正完整的。 因為自己的辛苦沒人懂，另一半不一定能理解妳，孩子又自我……擁有這些，跟沒有擁有竟然是一樣的。

那婚姻到底是什麼？當初幹嘛昏頭要結婚？

不知道是否很多女性，存在著……被體貼男性照顧的夢想？即使對方不完美，只要能懂我就好。現在想想……這宛如是公主般的期待，真的太天真了。男人不是為了我們而存在，就像我們在婚姻裡面，也渴望有自我一樣。非常非常低的可能，另一半可以給妳無限包容、不管如何他都愛你。連我們都無法無條件愛自己，又怎麼期盼別人這樣無條件愛著我們呢？又……如果我們能無條件地接納愛自己，那別人對我們是否接納……也變得不那麼重要了吧？

為什麼我還在婚姻裡？婚姻的真相是什麼？

吃飯的時候有人可以聊天（但也有人跟你吵架），能夠一起買房子，比較不孤單，兩個人一起生活相對也比較省錢。

有了孩子後，生子、養育的過程……會因為有了孩子而讓我們感到甜蜜滿足。（但相對的，夫妻可以吵的事情也會變多。等孩子稍微大一點的時候，跟孩子之間會產生的衝突，更是好多、好多、好多。）

婚姻的關係裡，夫妻是彼此合作的獨立個體，一起成立家庭，但仍需要保持自我， 不然真的會無法呼吸。到底該為這家庭「讓步」到什麼程度，才是盡心盡力的妻子（丈夫），當然沒有標準答案。因為每個人都不一樣，每一對夫妻的狀況也都不一樣，一切的決定在於自己。彼此是一家人，但他們（另一半）是他們自己，我也得學會相互尊重。

現在，我的孩子大了（已經是青少年），夜晚他們放學回家的時候，看著他們在家，心裡也就滿足，但總有一天他們也都會離開的。之後再度回到我跟老公兩個人……年紀漸漸大了，也不知道誰先離開，最終還是只剩下自己。婚姻到底是什麼？

如果我沒結婚，我會做些什麼？

可能花更多時間在工作、旅行，還有跟朋友相處。也或許周旋在一段又一段的男女關係裡面？

問我如果重新選擇，我是否還會結婚？

我不知道耶……因為我無法平行時空的看兩種選擇後會有什麼不一樣的人生，以及哪個人生我比較喜歡？但我相信兩種都有它辛苦的地方，也有它喜悅的地方。 學習的人生功課也不一樣。**但不管此刻的妳，正面臨怎樣的關係，最重要的還是自己與自己的關係。如果可以對自己有更多的愛與包容，在每一個關係裡面，也會比較不辛苦。**

不可否認的……有個家、有個人在等你，是一份溫暖，一份安定。那似乎就是個很強的、能讓你勇敢活下去的動力。那些辛苦的婚姻瑣事，似乎就沒那麼辛苦了？（是啊～人就是這麼矛盾。）

夫妻一起工作到底好不好？

曾有幾位粉絲問我：「先生最近自己創業，要我考慮離職跟他一起打拚，但夫妻一起工作不是很容易吵架嗎？到底該不該離職呢？」

我就來分享這 3 年多以來，我跟另一半一起工作的經驗談吧！

因為工作的關係，我自己成立了一個工作室，沒想到意外成為好友聚會的好場所。 某次好友來聚會的時候，我們準備了一些美食，而我就是會職業病發作，想「順便」拍一下美食照片。當下我請滔哥幫我煮湯，讓我能在他旁邊拍照，但因為他手拿湯匙的角度不對，讓我一直拍不出好看的照片。喬來喬去的……就開始吵了！

過一會，滔哥又忙著出去接應其他朋友進門。趁他不在的時候，有位朋友跑到我身旁，小聲的偷問我：「妳跟老公一起工作還好嗎？

平常相處都很容易吵架了，更何況一起工作？」

我一時有點愣住，想說這是日常，為什麼要特別問？於是我說：「我覺得還好耶⋯⋯應該算習慣了。」這時我才意會過來「你是覺得我們剛剛那樣，像是吵架嗎？」

哈⋯⋯我們平常相處就這樣啦！

假設衡量難度的最高標準是 100，那夫妻一起工作，
應該有 99.9999 這麼難吧？

其實，在 19 歲那一年（痾⋯⋯好久以前），我跟滔哥就已經是大學裡的社團幹部了，之後他當會長，我是副會長（那時候只是純友誼），所以從很早以前就已經有一起共事的經驗了。

當了男女朋友、成為夫妻之後，確實已經很久沒有一起工作。是因為 3 年前，我發現自己的工作量已經太大，於是才很「大膽」的請滔哥全職幫我。當然，我們都有談好薪水的預期等等，雙方都能接受才這樣開始進行的。

一開始我也不知道可以撐多久？畢竟一家四口的經濟全都賭上去了，不行的話，就得火速停損。加上我跟滔哥彼此都有互看不順眼的地方，也擔心過該不會一起工作之後，加速婚姻的毀滅吧？

幸好，那些害怕的事情並沒有發生，但該吵的當然都有吵。

我們最容易爭吵的時候，就是當我很忙，然後我看他沒有很忙的樣子。我會因為忙到沒有時間交代他要做什麼，讓我整個人很焦慮，整把火上來。

再來就是拍攝影片的時候，也很可怕。當他調整好鏡頭在對畫面的時候，有時候會直接按下開始鍵，卻沒跟我講。所以，我就會在那邊傻傻的等他，這時他才說：「開始很久了啊！」碰到這種情況，我就會生氣的回：「你沒講清楚，我怎麼會知道？」，諸如此類的狀況發生，我們每次、每次都會吵。他覺得我講不清楚，我氣他聽不懂，然後他就會忍不住嘆氣，我聽了就嘆更大聲頂回去，外加無奈搖頭（不想輸就對了！）

所幸經過 2 年多時間的磨合，滔哥大多事情會尊重我（畢竟公司的責任是我在扛）。而當我需要他幫忙的時候，也開始懂得盡可能用和緩的語氣（不指責）跟他溝通。

難免有時候突發狀況來，搞得一陣混亂的時候。第一時間會想找個人怪罪，原本對另一半積怨已深的怨氣，就會想趁機一次通通發洩。

一瞬間閃過的念頭，的確會想要尖銳的搓他痛處（你看！說幾次你都沒在聽是不是？），非得讓他感同身受我的極度不爽才行。

但，我知道這樣很傷人，也意識到我「正在生氣」，只是想發洩情緒，企圖假借「溝通」的名義來指責他（這時候要誠實面對自己。）

每次只要意識到這樣，我就可以 Hold 住 70 ～ 80% 的情緒，和緩並且理性一點的跟他溝通。至少這樣比較可以繼續工作（不然時間就是金錢，吵架時每分每秒，我的 $$ 都在流失）。

建議夫妻間若要一起工作，要適度的撇下盤根錯節的「個人情緒」。想好自己在工作上真正想要調整的方向，再明確的表達。畢竟我們是工作夥伴，最重要的是要把事情做好。

夫妻一起工作也是有很多好處的。可以彈性配合孩子的時間，不用擔心上司無法理解家裡的狀況。中午吃飯的時候也可以開著車，到處多方嘗試不同的美食。身邊有個好使喚的司機，去哪裡都方便。工作上面臨的困境，另一半也能同步知道。

我也感謝滔哥有個成熟的靈魂，生氣的當下，仍可以理性地看到「現在是上班時間」，我們彼此就是戰友，即便看到彼此可惡的地方，也還能想到彼此辛苦的一面。

凡事有好有壞，如果某天，你們也面臨這樣的抉擇，可以不用太擔心。凡事能對自己坦承，很多困境就能迎刃而解的。

在婚姻裡，試著去享受付出的過程

我曾經有個催眠的經驗，在過程裡面，腦海裡看到跟此生無關的畫面。隨著引導，我又回到這輩子最重要的時刻。當時第一幕進入我眼簾的是，我跟滔哥當年結婚，在飯店宴客的畫面。接著，我竟然開始覺得心很痛、很痛……然後完全無法控制地大哭。我對自己這樣的反應，完全沒有頭緒，因為我跟滔哥雖然會吵架，但我並不恨他啊！跟別人比起來，我跟另一半還算是關係友好的，但為什麼會這麼痛苦呢？（省略之後的催眠的過程）

等我冷靜之後……一開始也懷疑我的婚姻是不是出了什麼問題？後來想了想……大概知道自己大哭的原因了。

「可能是太多的責任，都在結婚的那刻開始吧？」

結婚後，我再也不是一個人，再也不是一個家庭，而是三個家庭（雙方原生家庭與自己剛成立的家庭）。結過婚的人都知道，在適應的過程中，有太多有的沒的事情會發生，即便問題不到很嚴重，但也可以讓人很煩！例如：房子該買在哪個地點？有顧及家長感受嗎？每逢過年回老家，時間分配得恰當嗎？我夠順從體貼嗎？有顧及到全部的人嗎？真的可以做自己嗎？

有了孩子之後，初為人母的我，變成了一隻大刺蝟。為了孩子的所有事，焦慮到無法自拔。加上夫妻兩人對於孩子的狀況看法不一，可以吵的事情也變得更多。 看著老公對某些事情無所謂的樣子，他不在乎的那部分，我只好自己扛起來。但也因為這樣，讓我感到憤怒與無力。但，既然他不在意，我也不想跟他吵，就乾脆自己多做一點吧。

婚姻裡，各有各的委屈。他也覺得自己很辛苦……說了有用嗎？我們已經算是願意溝通的夫妻了，但相處起來還是有一些不開心，萬般無奈之後也不想講了。就這樣一點一滴的累積起來，不自覺身上已經多擔了很多重擔。

為了經營一個美好的家庭，不會只有一方辛苦，但自己的委屈怎麼釋懷呢？那次催眠的過程，看到自己那樣無法控制的痛哭，真的滿心疼的。哭完之後，有釋放的感覺。但我也開始調適自己的心態。

能做的就做，不能做的也不要一直掛在心上，因為我的心已經很疲累了，我必須要保護自己。對於家庭，我們永遠有盡不完的責任，做太多也不見得被感謝。因為……有太多是「自己想做」，而不見得是「別人需要」。如果想要滿足家人，進而讓自己得到滿足，就不需要一直用「自我犧牲」的心態去完成（我都是為了你）， 而是「試著去享受這付出的過程」：像是，孩子吃光光自己做的麵包、還有吃光光一整桌的菜，這就是我最開心的事啊。去接他們下課時，只要看到他們從校門走出來，跟同學有說有笑的樣子，自己就很滿足了。

這樣想，比較能讓自己量力而為，而不是心裡覺得「不夠好」，就永無止盡的逼自己做更多。經營婚姻是辛苦的，但還是能找到很多美好的部分。能靠自己的能力，組織一個家庭是件多麼不容易的事，我們能持續的用心經營更是不簡單。給自己拍拍秀秀……然後找到更舒服不費力的方式，繼續經營下去。**看看漸漸長大的孩子，看著一起慢慢變老的另一半……雖然一切不是完美的，但卻是美好的。**

老夫老妻還是需要浪漫氛圍

我一直是一個好愛（被）拍照的人，但離開金融業以後，從頭打拚的過程，讓我忙於工作，忘了曾經愛拍照的自己。

直到最近……某一天，我從「日常邋遢」中驚醒，突然好想好想轉換心情。於是一時衝動，就在當天馬上預約了攝影師、化妝師。甚至在 2 天內搞定自己還有滔哥的拍照服。

這次的寫真，本來是我自己要拍的，沒打算邀請滔哥。純粹是想回味 10 年前那個打扮美美的自己，閃閃發亮，超有女性魅力！而且我又可以沉浸在自己的世界裡。

那陣子我剛好被《華燈初上》洗腦得太嚴重，覺得自己可以扮演「媽媽桑」的角色。可是，一個人好像太單薄，需要一個「人型道具」，所以就把滔哥也拉進來拍。但，他沒有可以拍照的衣服啊！本來想在蝦皮隨便買幾件便宜的，但卻因為我火速買下自己的衣服之後，看來豪華高檔的規格已經確定，他也不能隨便了。我們只好去西裝禮服公司租借，去了之後……本來想租 1 套的，最後就變成租 2 套了。看著他一套一套換……眼前這個男人，換個衣服好像換了個人一樣，簡直脫胎換骨（難怪有人喜歡 Cosplay……痾？）

為了拍照，我們拿出好久不見的婚戒。而婚戒也是個有趣的事，當初是我買我的，他買他的，一點都不想互送，就擔心對方要占我便宜。（很多人說這麼計較的婚姻，怎能維持？但我們也這樣相處 20 年了。）

看到婚戒，總可以回想到當年那種新婚的感覺。雖然當時已經交往 7 年多，早就沒有新鮮感。但畢竟是另一個人生的開始，對彼此來說都是非常非常重要的轉捩點。（真沒想到一晃眼，時間就是這麼多年……）

我們找的攝影師與化妝師，因為已經配合過至少 2 次了。所以有建立了一些默契，拍攝起來就像跟朋友一邊閒聊一邊拍照，很放鬆。

隨著化妝師幫我化妝，吹整髮型的過程，我心情整個大好耶！原來我也可以駕馭復古造型啊，即使 40 多歲，我（美貌）還行呢！突然感受一陣微風吹來……一陣爽快啊！

在我化妝的時候，聽到攝影師對著正在拍個人照的滔哥說：「這樣有帥喔！男模！男模！」身為老婆的我，畢竟看盡他所有醜態，當下心裡就開始碎念著：「帥個屁！帥個屁！帥個屁」（因為講 1 次還不夠。一定要講 3 次）

拍合照的時候，為了營造氣氛，攝影師會 Cue「兩個人要互看一下喔！」我第一個反應是「看什麼看！怎麼看得下去？」一開始我根本就是用瞪的，但沒幾秒自己都笑了。相處了這麼久，似乎仇恨比愛意還多啊！

平常濤哥就那麼幾件衣服，一件羽絨外套，一件防水輕薄外套，一件內搭羽絨外套，其他就是運動型衛生衣，褲子也是 1 ～ 2 件吧，真的是不好看，看久了就不想看，再更久就會沒看到了。

難得這樣的機會，可以穿上貴桑桑的西裝，沒想到竟可以化腐朽為神奇，石頭變鑽石（我自己也是啦）。是啊……人高高腿長長，雖然頭髮少很多，整體還是加分不少啦！

想想我們在拍完婚紗之後，曾經拍過一次全家福，還記小樂當初拍到一半就大吵大鬧，「歡」到大家都拍不下去。夫妻合照，就是拍到一半就要去抓小孩。沒崩潰就不錯，怎麼可能還有氣氛？

好久沒這樣……可以只有我們兩個人一起拍照。現在，孩子都長大了、去上學了，放學後也可以自己走路回家了。所以，我們就這樣不慌不忙地，拍了快要一整天。

拍攝完，我們對待彼此的態度似乎有「收斂」一點，至少沒那麼直接粗魯。這樣的感覺是滿奇妙的。

不過，當自己還回想著剛剛那美好的拍攝畫面……開車回來的路上，滔哥因為幫我消化我喝不完的奶茶而肚子脹氣，不知道放了幾個屁……○○××勒……我們又秒回到現實生活了。

我發現，即便看著自己的另一半裝扮得很好看，還是很難說出心中的讚美：一來是從小我們沒有養成要讚美別人的習慣，要你說出讚美，好像全身不自在一樣，特別是對你親密的人說。再來，我們跟老公有太多愛恨情仇。妳知道的，他明明平常很可惡！今天如果讚美他 1，好像代表我原諒了他其他 2345678910 一樣，還怕他白目以為，他所有事情都做得很好。所以，只好把讚美硬生生吞回去了。原來，萬般糾結就是這樣的感覺啊！

我記得諮商師曾跟我說：「曾有的創傷，不是只有留在心裡面，它也會存留在你的身體的很多地方」。但我相信「愉悅的心情」也會是這樣的，即使有天對於今天的記憶模糊了，但身體的記憶，仍會留著今天那份喜悅幸福的感覺。老夫老妻，還是需要浪漫氛圍的！

我是斷捨離受災戶

不知道從哪時候開始流行「斷捨離」。一開始是物質上的，到後來延伸到精神上，類似不該掛在心裡的事，也該斷捨離。總之，它已經成為某個「至高境界」一樣，自成一派的信仰？

沒想到這股風潮也燒到我家，滔哥根本是斷捨離中的「佼佼者」、「菁英」，而我卻是斷捨離的受災戶。

我跟滔哥的個性真的很不一樣，在我 25 ～ 30 歲的時候，買東西就是想買就買，特別是衣服買很多。40 歲以後，漸漸知道有些衣服是想要，不是需要，所以會更謹慎的購買（轉去買首飾、廚房用品等等）但我就是那種，只要可以買東西，就會心花每一朵都開，覺得世界很美好的那種查某人。

但，滔哥自從2年多前，看了相關的書籍之後，就變成一個斷捨離的奉行者。不用的就丟，而且丟得很徹底。沒有「非常」需要，就不要買。這樣執行起來的節儉，也是一種美德，沒什麼不好。但有時候看他打死不買衣服，一定要有一件真的破到不能穿了，隔天確定沒衣服穿，才甘心騎機車出去買時。期待他的衣服出現夠大的破洞，已經成為我最期待最開心的事情之一（不是我扯破的喔！）你們的老公也會這樣嗎？（極需同溫層）。

比較誇張的是，冬天他只有一件羽絨衣。外出騎機車就穿那件，看醫生吃飯等等也都穿同一件。然後，晚上睡覺的時候，天氣很冷，他懶得拿出羽絨被，於是他也繼續穿著同一件羽絨衣，蓋上一層沒有很厚的棉被睡覺。

我因為這件事情，跟他爭吵了幾次。一來，這樣真的太不衛生了吧！二來，他半夜翻身轉身，羽絨衣會摩擦發出「擦擦擦」的聲音，就會把我吵醒。我真的是氣炸了！（之後是我非常堅持，才結束了這樣的爭執。）

雖然結婚多年，我還是希望他稍微打扮一下，至少像個「普通」的男人就好。不要每天都穿得那麼「阿北」可以嗎？是不是應該稍微要顧及一下人妻的眼球與感受啊？

當你打開他那不大的衣櫃，裡面是空蕩蕩的。薄外套一件，西裝外套一件，羽絨衣穿在身上所以沒有出現。短袖長袖個別少少幾件。春夏秋冬全部的衣服就這樣，衣櫃裡面還有 2 個包包，那還是他自己準備的防災背包，就是地震來的時候，一個給我，一個給他背的，逃命用的。（因為我衣櫃放不下，所以放他那邊）。有事沒事，他還會坐在衣櫃前嚴肅仔細思考很久，看還有什麼可以丟的？

大家共用的東西，他也常問我這個、那個要不要丟？也有幾次東西被他丟了之後，沒多久要用就找不到了。我也曾經跟他吵「我的東西你不要動，要丟我自己丟！不要一天到晚問我要不要丟？」我已經算是個定時會整理東西，丟東西的人了，但他真的丟得太誇張了。什麼雨傘／保溫瓶剛剛好就好，多一支就拿去捐。明明可以留著備用不是嗎？（這個被我罵過幾次之後，他就再也不敢問我的東西要不要丟了。）

請他買衣服，都要用拜託的。也有幾年我的生日，我跟他說：「今年我生日禮物，就是買你的衣服」，然後還要跟他約好時間，跟他去買，不然他就不買了。

我看他衣服穿很多次，已經越洗越透明，都要露出ㄋㄟ ㄋㄟ 了，能看嗎？看著他的 Polo 衫，衣領已經又皺又軟，原本白色也洗到有點黃，後面也破了一個小洞，還不願意換。當我看著他這些衣服時，就會忍不住長嘆一聲，他也會回「敬」我一個更長更大聲的嘆息，然後再搖頭。

我知道他也渴望自由啊！穿個衣服也要被人家管那麼多、不想買衣服也不行，丟東西也要被念，他常怨嘆全家最沒地位的就是他。「哎」……我也只能這樣回應他了！哎來哎去，忍住不再說下去，轉頭先離開現場，這才是滿滿「愛的真諦」啊！

婚姻就是，兩個有點衝動的人，不想一個人生活的人，對婚姻有種安全感想像的兩個人，決定組成一個家庭。之後才發現日常細節藏了好多魔鬼。看到對方行為，瞠目結舌之後，有爭執也相互傷害，然後因為還有愛（或是太多牽絆），有點不情願，後來還是願意退讓，才能再走下去。自己覺得無奈委屈，但對方也沒多好受。

能怎麼辦呢？這些無解的難題，說出來是氣死人，但事實上也不是構成婚姻嚴重不幸的要素。只能回過頭去，鼻子摸一摸，把這些跟姊妹淘發牢騷，才發現別人老公也是「扯」得非常有創意，就成了彼此相互療癒，又好氣又好笑的生活瑣事。 之後我們也漸漸找到彼此都可以稍微接受的「斷捨離」標準，然後，就且戰且走，邊走邊調整。就只能這樣了吧 :P。

我們的好已經足夠孩子幸福的長大

很多媽媽總覺得自己做得還不夠好，給孩子的永遠不夠多。但有時候又矛盾的覺得自己為什麼都為孩子而活？都沒了自己，實在太辛苦了。

有時候因為太累了，情緒受不了的時候，還要被要求要情緒管理。像是這句：「快樂的媽媽才有快樂的家庭」。

這句話，真的不適合高敏感族群的媽媽！

雖然它應該出自於好意，希望媽媽可以多愛自己一點，但我看了很容易想成，如果媽媽不夠快樂，孩子也會跟著不快樂，家裡氣氛不好，最後又要怪自己？（就說我很會鑽牛角尖吧）

當媽媽已經夠累了。每天總有做不完的事情，不只要搞定囉唆的小孩、白目的老公、討人厭的老闆，最後還要快快樂樂，不能把負面情緒帶回家。我瘋癲是嗎？是有把我當人看嗎？（感覺自己「有點」激動）

每當我生病都已經很累了，腦袋還在想明天孩子早餐還沒準備怎麼辦？我們這種媽媽，只要有一點力氣，就會逼自己從床上爬下來，硬要做點什麼，直到撐不下去，還是心有不甘的去休息。我們這樣的人，怎麼可能不盡全力在照顧別人呢？

媽媽本來就是一個很有情緒的生物

我覺得開心或不開心，都應該適當的跟孩子分享，包含做太多事情覺得很生氣，孩子不夠體貼，上班不順遂等等。都可以讓孩子參與我們部分的情緒。我最討厭人家叫我不要生氣！ 生氣明明很好！有正常的宣洩管道才正常，心情不好還要裝優雅的人才討厭（「有點」越講越激動）！

我們都不夠好

我曾擔心自己脾氣不好，萬一孩子學了我這種懷脾氣怎麼辦？也曾擔心，我身體常常有小毛病，兒子看多了，會不會不敢結婚？（覺得要照顧女生太辛苦）但我也不想生病啊！

這些看似我們的缺點，對孩子就一定不好嗎？

我脾氣不好，孩子就不會太白目，出了社會，他就知道該怎麼跟脾氣不好的人相處。把工作上的不愉快，適當的表達讓孩子知道（當然！我們不是鼓勵無理的謾罵孩子），讓他們清楚爸媽上班是真的很辛苦，也讓他們理解我們的情緒。

會擔心有時候太生氣，講了某些傷人的話，可能會造成孩子在成長過程中，有些挫折或者是陰影嗎？

在我們的童年裡，或多或少應該都有些陰影（可能被不理性的責罵之類的）。當時，是否有曾想過「如果將來有了自己的孩子，才不會這樣對他們！」

但有多少人能在「完全無害」的環境下長大呢？

或許被責罵的當下，我們會因而感到害怕，感到怨恨，但當我們漸漸長大，學著去克服，去理解或是放下當初那些不愉快的經驗，讓這一切變成生命的養分。一旦跨越了，就會成為禮物！

我們的好與壞，孩子的好與壞，都是彼此的功課。爸媽不需要也不可能成為完美無瑕的典範，我們只要認真的生活，懂得愛惜自己，自然就是典範了。

跟他們相處時，能把愛表達出來就夠了，讓他們知道爸媽生氣的背後，都是因為在乎。當他們需要幫忙的時候，我們會一起想辦法。我們對他們的愛，一輩子都用不完，這些他們都知道的！即使我們不是完美父母的樣子，這些滿滿的愛，這些日以繼夜照顧的愛，已經足夠他們幸福長大！

親情總是在破壞與重建中不斷循環

誰都希望與自己的親人相處融洽，彼此相親相愛，永遠美滿又安康。但怎麼可能呢？即使是家人，個性與立場、身處時代背景也不同。很容易因為這樣而有衝突，但又因為愛，再度把彼此牽繫在一起。血緣關係，就讓這輩子的緣份，怎樣都剪不斷。

我們家女兒在小六的時候，因為身高遲遲沒有長高，我們特地帶他去看生長科。醫生告誡，如果再不努力，就有可能長不高，並且交代要每天跳繩至少 500 下。 之後連她自己也擔心害怕起來，每天都願意鞭策自己的去跳繩，之後身高就開始有穩定的長高，每次回診都有達標，醫生也很開心。

但好景不常，她上國一之後，因為課業難度與國小有顯著差異，把注意力都放到功課上，跳繩早已荒廢許久。結果勒！身高也停擺了

3 個月，再去看醫生追蹤的時候，當然是被唸到爆炸，醫生說女生生長的時間剩下不多了，還是要乖乖跳繩才可以。女兒當下跟醫生說，她不在意自己的身高，不高也無所謂。 但！！！老木覺得現在這樣真的不行啦！無法接受啊！

看完醫生之後，我對她講話比較嚴厲：「醫生都講清楚，妳的時間真的不多了，妳要開始跳繩。」她當下很倔強的說：「我不要」。我們家滔哥在旁邊力勸又說教。 然後最後就對她說：「妳不跳，這是妳的選擇，我們也沒辦法」blablabla……一副就是妳要這樣，後果自己承擔。

當媽媽的，真的跟爸爸不一樣（沒有什麼性別歧視，只是我們家剛好是這樣）。我就是覺得不甘心，我沒辦法放手說：「這是妳自己選的」。我沒有期待她要有多高，但才 150 出頭一咪咪，而我是 160……這樣我不想接受啊！孩子現在因為懶得跳繩，就放棄最重要的身長黃金期，這輩子就只有這幾年的機會，以後是後悔都來不及的！她現在懂什麼叫後悔啊？！更何況，她現在並不是沒空，是累的時候只想放鬆滑手機，她是有時間的！一天跳繩差不多 15 分鐘就解決了，怎麼可能沒空？

有時候擔心太多的媽媽，內心會上演著「你的孩子不是你的孩子」，我是不是干涉太多？但是！尊重孩子的選擇，是可以這樣無限上綱嗎？父母 hen 難為的！ 我們也都是有檢討，有在克制的好嗎！

老木的執著，堅決地跟她講：「沒有什麼不想跳，妳就應該要跳，妳不跳的話，就沒收手機」我只差沒說出「即使沒收手機，妳還是要跳」。她氣得在那邊抖腳，不知道翻了幾個白眼。我再補兩句：「即使妳會討厭我，我還是會要求妳要跳繩」講了很久，她終於很不情願地說：「好」。除了補習的兩天，比較晚回來不用跳繩之外，其他都要跳繩。

那天過後，有一兩天，她還不太想跟我講話，什麼事都只找爸爸，我都懷疑自己，嘴巴說不怕她討厭，但我真的禁得起她討厭我嗎？

幸好，現在每次跳繩的時候，她嘴巴會抗拒一下，但當她開始跳繩時候，就會忍不住跟我說一些學校的八卦，哪個同學身高多高？哪個老師很討厭，大多時間都笑笑的講。

我陪她去跳繩，也趁機拉拉筋，跳一跳走一走，盡可能不看手機，讓她覺得，媽媽是專心在陪她。

有時候我剛好忙，請滔哥陪她去跳，她還會嘟嘴問：「妳為什麼不能陪我」……讓我突然有種莫名被依賴的成就感，有種老木獲得勝利的竊喜。是不是！！！對的事情，還是要堅持啊！

週日那天，跟她一起去逛街買東西，她想要一個小娃娃，通常這種非必需品，我會要她用自己的存款付，但這次我答應她「這個就我們出錢沒關係」。她就偷笑了一下（還是女人懂女人啊！），媽媽我又補了一句：「啊……要好好跳繩啊！」哈！

就是這樣吧！ 前幾天我還很氣，現在母女關係好像又好一點，可以想見改天不知道又要因為什麼大吵架，大抓狂，然後又開始修復。爸媽總是為孩子想，但不見得是他們想要的。雖然過程可能不愉快而破壞的感情，但終究會因為感受到愛，而又修復了這段關係。……親情……就是這樣的戲碼一直重複上演，也在中間累積了無數珍貴的回憶。希望自己越來越懂得，享受這樣的過程，畢竟他們的成長，就只會有一次啊！

「男人理所當然要主動求婚？真正的男女平權是什麼？」

好愛看《俗女養成記》這部戲。除了人親土親的劇情吸引我之外，也在劇中得到很多身為女性的勇氣。無論是追求自己的人生、自己的愛情。

劇情真實貼近日常的感覺，讓我非常入戲，特別是在第二部的劇情最後……原本一直埋怨老公當初沒有認真求婚的我，被打醒了。

（有雷！如果你還沒看過俗女 2，不想被劇透的話，就先不要看）

那齣戲的最後，女主角陳嘉玲對著男主角蔡永森下跪求婚。原本我覺得蔡永森理所當然會答應，而且還要很感動、很感謝的接受。但沒想到，他竟然說：「我還要想一下」。我忍不住想「女生都這樣拉下臉來下跪了，男人你還要怎樣？」。 結果到後來，他還真沒有答應誒！還接著說：「這樣才是男女平權啊！妳當初也拒絕我，現在我就不能拒絕？不能想一下嗎？」然後還說他想要的求婚，一定要有「拿咖西」助陣，這樣才算陳嘉玲有誠意。

真是刷新我的三觀啊，這男的真煩、真可惡！但下一秒我竟然覺得……咦？他說的好像沒錯耶！畢竟「男女平權」啊！

其實，我已經算是婚姻上比較「平權」的女生了，跟滔哥從大學時期交往就開始 AA 制，到現在我對於自己比較想要賣的東西（例如，車子、房子），我會願意多出一些，甚至如果純粹是自己有需要的，我就自己全買單。回想 20 多年前，交往的第一天，他就直接說不會請我吃飯，要就大家各付各的，也沒有一定要提供接送服務（以下省略千萬字……總之我上輩子應該有欠他很多）。大學時期的女同學們，不少人跟我說：「就是那個男的不夠愛你，才這麼計較！」、「這男的很自私誒」至於為什麼我們還會在一起？……繼續省下千萬字。

我一直覺得 AA 制還滿公平的（當然不是每個人都適合），除了金錢之外，家事也適用。（但子宮在我身上，生孩子沒辦法一人一半）。只是，我所認識的女生裡，跟我一樣分法的人，5 根手指頭數還用不完。大多還是覺得，男人應該要負擔大多的費用。

男女的確有很多不公平的地方。當女人似乎比較不吃香：例如結婚之後，女生就是夫家的人，結了婚之後，一切要以夫家為主。女人生小孩已經很辛苦，懷孕還容易被降職……等等，這些都是事實。

雖然，也不是什麼都是我們最吃虧。

像是當陳嘉玲的阿嬤與媽媽，都抱怨身為女人沒有一件好事，MC來有多麻煩……等等，嘉玲爸爸卻可愛的跟嘉玲說：「妳以後不想上體育課的時候，就可以假裝很痛的說『我那個來不舒服，我跑不動』或者，『我那個來，所以我才遲到了』，這樣人家都會覺得妳很可憐！」嘉玲一想到當女生有這樣能占便宜的時刻，心情馬上變好，立刻現學現賣，回敲爸爸竹槓。發現自己可以反用自己的弱點來勒索別人，而感到很得意的樣子。反觀男生，如果示弱的話，是不是會被嘲諷一番呢？

身為女性，並不是什麼都不好，什麼都弱勢。當我們要求男女平權、試著想從男性手中拿回權利時，是否有該釋放出原本緊握在手中的「理所當然」？例如「男人不是天經地義要功成名就」、「男人不是理所當然要扛起全家的經濟」、「男人不是理所當然對喜歡的女生很慷慨」、「男人也可以全職帶孩子」、「男生可以小氣」、「不一定是男人求婚？」……喔……最後一個，我有點猶豫。

看到陳嘉玲主動求婚時，一開始我覺得只是戲劇效果，但看到蔡永森的反應，我才發覺是編劇刻意給大家思考的空間。回想起結婚前，滔哥那超敷衍到不行、足以讓我怨恨一輩子的超混求婚，我好像突然釋懷了……。

女生習慣期待「被呵護、被寵愛、被浪漫包圍、被重視」期待著「即使自己不說，對方也能猜到妳想什麼」。偏偏木頭男多過浪漫男，這樣期待真是為難他，也為難自己。

我們可以主動去追求幸福，不用一直被動等待。想要被求婚，想要什麼方式，想要怎樣被對待，可以直接對方說，這樣也很好啊。

男生女生先天就是不一樣，很難要求一切公平。但要求女權同時，也真不能是「女權自助餐」，好的拚命拿，壞的拚命推。

還蠻多跟我不是很熟的男性朋友，看我恰北北，聽到我跟老公 AA 制，經濟自主等等，就一副「這女人不好惹」、「妳老公容忍妳還真偉大」的樣子。我心裡想……這哪是我的問題，是你們沒進步吧！ 而現在，我覺得我也要進步，心裡才不會糾結於「男人應該要怎樣」，這樣我才不會被傳統觀念綁架，彼此才會越來越好！

當初這篇寫在粉絲專頁的時候，引起熱烈討論。很多女性表示認同，當然也很多女生表示不贊同。而很多男性，表示終於看到中肯的男女平權文章。不管如何，只希望透過這篇文章，給大家不同的角度詮釋男女平權。最終希望，兩性都可以不被傳統觀念耽誤，純粹的選擇自己真正喜愛的事。

浪漫韓劇與我的婚姻（愛看韓劇的女人最膚淺？）

上週無意間看到有些人在討論婚姻，其中有幾個男性朋友留言說到「女人就愛看韓劇，才對婚姻有不切實際的幻想，難怪婚後會後悔。」

呃？……你當女人這麼無腦膩？

浪漫韓劇是真的很好看，沒看是你們的損失！劇情不是只有親來親去而已，有很多漂亮的場景、好看的穿搭、敬業的演員、出其不意的劇情，同時會講到很多人生哲理，讓人很有感觸，也深植人心。那些對韓劇感到不屑的男人們，是還沒跟上時代嗎？

女孩對愛情的想像

遠在古早時代，沒有韓劇的那個小時候，只有少女漫畫可以看《雙星奇緣》、《尼羅河女兒》、《俏皮女劍士》、《淘氣小親親》、

《白色圓舞曲》……等等。裡面的男主角類型有帥氣打西洋劍的（滔哥也有打，但差很多），也有成績好但卻叛逆有個性，唯獨對女主角傾心，在她低潮的時候鼓勵她，被欺負的時候挺身而出的。通常都滿有錢的，又高又帥。沒談戀愛之前，我真心嚮往這樣的愛情！

我即使看似平凡，不突出，但我有很多沒人知道的優點。如果有個美好的人出現，一眼就看出我有多好，並且包容我的缺點，那麼，就可以完全撫慰那個沒有自信、委屈的自己。當被愛包圍，之後人生就因此美滿。

愛情的真相

但人都會長大啊！上了大學之後看到現實的人生，就差不多醒了！漫畫中完美的男主角，根本一個都沒出現。有了男友之後，很多令人傻眼的情境也漸漸經歷。

牽手會很心動也只有剛開始，吻也沒想像中浪漫，反而還覺得，怎麼是這樣？（是怎樣就不說了 XDD）

結婚前，就馬上要想到婆媳關係。如何跟對方家人相處？會多了經濟上的壓力，要不要有小孩？……這些很現實的問題，我們難道會不知道嗎？

婚後，我們經歷了為人妻，為人母的過程，之所以對婚姻有些失望，是因為身上擔了很多責任，自己的母愛比想像中無法控制的氾濫，照顧別人常忘了自己，身心都好累，也不見得可以得到另一半的諒解。

這些挫折跟看韓劇什麼關係咧？女人真的想要劇中的高富帥男人嗎？我們的不滿，只是因為一直比較別人老公送的禮物比較好嗎？女人真有這麼膚淺，還是男人想得太淺？

女人為什麼愛看韓劇？

我們其實知道真實浪漫跟漫畫與韓劇差很多，那為什麼還是想看呢？就是……喜歡那樣的氛圍，喜歡那種完全脫離紛擾的現實，在經歷波折之後，兩人終於可以堅定在一起。

戀愛是件美好的事情，韓劇中營造心動、被在意的那種氛圍，讓人很喜歡。畢竟人生能談的戀愛沒幾次，但看劇就可以看到美好的戀人在各種不同的情境，歷經千辛萬苦，終於在一起。陪著他們一起感受很多次戀愛的悸動。那些粉紅泡泡真的很有幸福感呀！看劇也花不了多少錢，但這樣的娛樂有助身心，同時保養我們的少女心，到底是有什麼問題呢？（當然如果有歐巴粉絲見面會，花費另外說。）

男人對韓劇的誤解

再說！浪漫韓劇早就進化很多了，早就不是那種第三者從頭壞到尾，男女主角後來竟然是親兄妹那種無聊劇情。

劇情包羅萬象，增添我們不少想像力，雖然有些現實中不可能發生的場景，但卻也因為極端的情境，才更能凸顯人性的矛盾，還有婚姻的問題。（你們不也會看科幻電影嗎？那些也不是真的啊）我們在劇裡面，看到不少愛情與婚姻與親子間的問題！也因為這樣更客觀看待自己的人生。

可惜很多男人不看這些有意義的劇，偶爾看一下，就抓那幾個浪漫唬爛的片段，然後在那邊笑得快抽筋。一副那種「看吧！妳們愛看的就是這樣的水準」。那種嘴臉真令人感到不齒！凸凸凸請不要再這樣膚淺的解讀愛看韓劇的女人，其實是你們程度不夠好嗎！

每次看完這些好看的劇，就會讓我回想起以前戀愛的感覺，也會想想現在的婚姻關係。為什麼以前對他可以全心付出，現在卻常常跟他計較？

或許因為一路走來，生活太多摩擦，會有這樣的改變，也變得比較可以理解。

我們覺得自己辛苦，希望被在意被理解。累積了很多委屈之後，是否也更不願意主動把自己的在意，清楚的表達給另一半呢？**婚姻永遠就是互相，清楚地表達自己的感受，而不是只有情緒，這樣就比較有機會知道對方的真實感受——其實我們都希望感情可以變得更好。**

看《愛的迫降》裡面的世理那樣看著正赫，先別問老公是否可以這樣對我們，……畢竟我也很難用這種眼神看著滔哥了（他可能要送我很多錢，我才能很滿意的對著他笑）現實婚姻或許很不浪漫，但平實就是幸福，我們也是很容易滿足的（應該是）！浪漫韓劇還是要繼續看，那是我們幸福感的泉源呀！

接受自己失控的情緒

很多時候，面對孩子，我們就是一個束手無策的媽媽。對他們苦口婆心，他們總是可以雙手一攤。生氣他們不懂我們的苦心，但又不能完全宣洩自己的情緒。

當媽媽為什麼這麼難？

因為擔心女兒長不高，我們帶著他去看身長科（之前篇章已提過，現在是續篇）。身體檢查過之後，確定一切都好，只是缺乏運動，於是我開始陪伴她一起做跳繩運動，過程中也剛好可以聽聽她聊些學校瑣事，就希望開始跳繩之後，女兒可以再長高一點。

最近她功課壓力變得更大，一週只剩六、日可以跳繩。但，就在上週日，她打死都不肯去跳繩！想到這些日子以來，她日夜顛倒的生活習慣，早讓我無法忍受，那些我都忍下來了，現在只希望她花 15 分鐘時間都不願意，我終於爆發了。

剛開始跟她開玩笑，希望她一起去。她滑著手機也沒看我一眼，只回我：「我不想。」幾次之後我態度開始強硬，而她持續堅持。就這樣來來回回，媽媽不堪自尊心完全被踐踏，被逼到撂狠話，說出：「妳以後長大出去，就可以不要看到我這討人厭的媽媽」。講完我拿回她手中的手機，回去自己的房間，狠狠摔了我的外套、棉被（我即使想發洩，也都會找摔不破的東西摔。）然後大哭了 1 個多小時。

我好像還沒這樣哭過。獨自在房間上演了 1 個多小時，重複自責、心痛的戲碼。

沒想到她面對我憤怒的情緒，依然冷淡的不管我，根本不在意我這個媽媽！真枉費我平常替她擋下多少滔哥想對她較為嚴格的管理。平時怕她遲到，每天早上六點就要比她早起叫她起床，好心叫她起床還要被她發脾氣；總是用心幫她準備早餐、學校點心，還有水果……做這麼多，到底那些算什麼？

平常滔哥總覺得，我對孩子的管教太寬鬆沒有原則，現在是我自己活該，滔哥一定覺得是我自己的問題。他根本不會同情我。

一定也有朋友覺得，以前妳小時候一定也很難搞，現在棋逢對手了吧？反正全部都是我的錯，我可不可以讓自己消失啊？

一邊又掛心，她真的還小，很多事情不懂，不能這樣放任她。不能不管，但又管不了。如果硬要管，萬一她離家出走怎麼辦？……天啊……我真的不知道該怎麼辦，我可不可以不要當媽媽。

人老了，真的沒辦法哭太久，體力還真的不好。哭了會喘，哭了會無力。鼻子超塞，我知道我再哭下去，已經快沒力氣了。但那些自責的戲碼一直重複上演。我沒跟任何一個人講話，就可以幻想別人怎麼責備我。這才發現，我還是這麼討厭我自己。哭到一半，眼睛好腫，還是要出來把碗放到洗碗機，還要收拾些東西。

真恨啊！這麼傷心了，還要擔心那些碗沒有洗！

哭完了，平靜了些。但我暫時不想面對女兒，隔天叫滔哥幫孩子準備早餐。每天都是我，今天可以讓我休息吧！隔天女兒難得五點多就早起，跟滔哥說，她自己知道怎麼準備早餐，不需要人幫忙。然後滔哥就這樣回房間繼續睡。真羨慕他還有辦法睡。

之後我好些了，雖然還是很傷心，但我想我應該嚇到孩子了。想跟她好好講，而她似乎不知道該怎麼面對我的情緒。我原本很難過，但還是看得出來她釋放些善意，起碼講話會回應（這樣標準是不是太低？），算了吧！

親子間的和好，也就是恢復到日常，問她要吃什麼，買她愛吃的東西，準時叫她起床，繼續幫她處理瑣事。繼續當那個即使不爽，但也不能怎樣的那個鳥鳥的媽媽。

再過一兩天，我們漸漸恢復了平凡的日常，她會講學校的事情，也會稍微收斂之前放任的行為。又回到我之前說過的——親情總是在破壞與重建中不斷循環。現在又處於重建的階段。

當媽媽真的好難，無論妳念過多少書，工作上或其他領域多麼呼風喚雨，在孩子面前，常常就是一個……束手無策的媽媽。沒想過要當一個好媽媽，只覺得至少不要讓孩子討厭，可以陪伴他們成長，可以在他們需要的時候，提供我們的經驗，但，沒想到連這樣都很難啊！

我們只能靠著觀察，嘗試然後一直調整，希望可以找到與孩子都接受的方式。但很重要的是，「要接受自己會犯錯，接受自己有抓狂的時候」。在這些心情起伏中，察覺自己真正的情緒，然後不斷的練習越來越能接受自己，而不是在盛怒之後，繼續指責自己。

媽媽沒有一定要堅強，因為我們已經比誰都堅強了，不需要再要求自己更堅強了。 當媽媽是另一門功課，即使在「母親」角色的這個領域受挫，也不代表妳就是個失敗的人。我們只需要更多的耐心，給自己時間來慢慢成長。即使妳再聰明，看再多教養的書，面對自己的孩子一天一天的成長，他們人生每個階段都不一樣，妳的經驗幾乎是從零開始啊！

接受自己的無能為力，接受自己偶爾失控的情緒。多看看那個求好心切，不斷進步的自己，並且相信我們一直是個很棒的母親。

那些新手爸媽最難熬的日子

不時會看到一些新手爸媽在照顧孩子的時候，會遇到一些很難熬的事。兩個人該怎麼協調？還是不用協調？我自己來比較快？

回想 16 年前，剛有了小彤的時候。有好多好多事情要調適，一來是在醫院安胎的那幾個月，已經讓我快要崩潰。我不知道為了一個孩子，需要有這麼多的犧牲。 注射安胎藥，讓我連續幾個月，每分鐘心跳超過 100 下。不能下床，要學會在床上吃喝拉撒睡，雙腳也因為幾個月不能動，肌肉都萎縮了。

孩子出生之後，我終於可以自由的走動。但礙於雙腳肌肉還沒恢復，一開始走路也會喘。緊接著要學會餵母奶，乳腺要順暢，必須先熬過乳腺很容易阻塞的陣痛期。每天每餐都在猶豫「要親餵？還是擠出來瓶餵？」Baby 睡睡又醒醒，一餐就喝了 1 個多小時，擔心他喝不飽，長不快。每天都在看數字，壓力也好大。

母親這個角色，讓我喘不過氣，非常痛苦。即使獲得短暫自由，搭車出去買個孩子的東西，在街道上看到自由的人們，我的心又揪了起來……。我曾是一個自由自在的年輕女性，想要征服職場，現在我變成了什麼？乳牛嗎？眼淚不自覺就流了下來。

跟老公的關係，更是降到前所未有的冰點。為什麼他不懂我？為什麼要叫才會動？為什麼叫他做，也是隨便弄，尿布側邊沒黏好，尿都漏出來了，搞得連床單都要洗了，倒不如自己來。為什麼他可以睡得這麼好？就我自己一個人在緊張。那時候……我還真恨他。

有孩子前，騎機車的時候，我的雙手放在他腰旁邊。有孩子之後，我兩隻手直接抓後方手把，連靠近都嫌惡。

每天固定擠奶 4 ～ 5 次，擠好放入冰箱，清洗好奶瓶、吸乳器，接著再消毒。上班、下班、餵奶、哄睡，或是不睡、半夜驚醒，怎麼都不睡！

6 個月、1 年就這樣過了。孩子晚上可以越來越穩定入睡，但我仍是個焦慮的母親。

直到孩子 2 歲多了，我請爸媽帶孩子，自己跟滔哥去了長灘島，我帶了我最愛的幾套衣服，想要請滔哥拍些仿寫真的風格照。拍完之後雖然開心，我對他依舊冷淡⋯⋯後來他終於說了，說他自己感覺被冷落，被漠視，覺得很失落。

當下我感覺宛如千萬隻指責的手，狠狠地憤怒的對著我 ：「看妳多糟糕」。

我是一個如此辛苦的母親，隨時擔心孩子有什麼狀況，白天還得努力工作，連照顧自己的時間都沒有，我當然沒辦法照顧你所有的感受，你有看到我如此無力痛苦嗎？為什麼還要這樣苛求我？

冷靜下來之後，我感受到了⋯⋯他是一個感受到失落的丈夫。他不是在責怪我，他只是說出心裡感受。即使第一時間我很難接受，但我很慶幸我有聽進去，腦袋一時如時光機快速翻轉回孩子剛出生，他也不是都擺爛沒做事，這一路，我常常盯他、念他、氣他。半夜他也因為我氣到大聲嘆氣，嚇到整個人從床上「彈」起來。

我請他處理孩子的事，他好像幾分鐘就把我覺得很麻煩的事情處理好了。他的確沒有我仔細小心，但像是尿布沒弄好這件事，說他一兩次之後，也是沒再犯了。 他，真有這麼可惡嗎？

男女處理家事的差異

男人把重點放在「事情處理好了」；女人則往往是「事情得做到 120 分，並且要照顧他人感受，想做到無微不至，讓每個人都滿意」。

即使到現在，孩子都大了，我請滔哥幫孩子準備晚餐，他就以自己方便買為主，吃水餃就好。但我會想「昨天才吃過水餃，幹嘛還吃一樣的？要不要再找找看其他的？」 然後不知不覺又因為這樣猶豫了好幾分鐘，不小心就是半個小時。男人早就把事情搞定，我還在猶豫。

同樣一件事情，男人處理得比我不費力，所以多給他做幾樣，不用不好意思的。 既然自己無力照顧而請他幫忙，就不要逼他用我們的標準去做事。要尊重他！

不用逼著自己去滿足所有的人，畢竟我們體力有限，就別太貪心。我常說，以前沒有孩子的時候，要照顧自己、照顧老公，會想要做到 100 分。現在多了孩子，又要多拿一個 100 分，這樣是 200 分，不是原本 100 分，時間一樣是 24 小時，憑什麼覺得自己可以做到呢？把兩樣標準都降到 50 分吧！這樣才是原本的 100 分。先把自己照顧好，才有能耐照顧別人。

要什麼直接講

男人不懂女人要什麼，我們必須講得超乎想像的直白。有時候自己要什麼，自己都不知道了，怎麼能奢望另一半比你更懂你自己？放棄吧！別對老公有不切實際的期待。

肯定他辛苦為這個家付出，不減損我們也為這個家付出的辛苦。有了孩子以後，是一個漫長的調適過程，永遠在取捨，永遠在調整，成就一個越來越成熟的自己。 感謝孩子來到這個世界，修煉了我們的心，讓我們成為更好的人。

還是要跟自己說:「妳超棒的，辛苦妳了，我會好好抱著妳……秀秀。」

妳要接納自己，
即便妳還沒有變成想要的樣子

Part 03

中年女性能有夢想嗎？
中年就不能瘋狂了嗎？

勇敢追夢，讓你不枉此生

你們曾經有過夢想嗎當？你想著它的時候，是什麼感覺？這份心動的感覺，不時在我生命中的每個階段出現，讓我無法忽略。以為會隨著年紀，隨著走入家庭而消失。越想消滅它，卻越無法忽略它。

從小我就有明星夢，有著強烈的表演慾，幼稚園開始上台跳舞就不會害羞，國小，國中的同樂會，大學不管迎新、露營、團康、歌唱比賽，只要有機會，我幾乎都是站在台上表演的那個人。

就讀政大的時候，還參加了已經孕育很多名人，像是張雨生、陶晶瑩、還有陳綺貞的「政大金旋獎」歌唱比賽。曾經有一次我入圍了決賽，可惜並沒有受到評審的親睞，也沒有被知名製作人看上。我就這樣落寞的回到日常的學生生活。我喜歡站在舞台上，被很多人欣賞羨慕，大家都覺得我超級棒。也好羨慕站在舞台中間的張惠妹，大家隨著她的歌而跳舞，有時感動落淚。每次想到這樣的畫面，我的心就熱血的跳動著。

年輕時候，我對自己一直沒有足夠的自信。也因為念書順遂，我就這樣順順的念了研究所，也開始工作。生了孩子之後，一邊抱著正在喝母奶的小彤，一邊看著《超級星光大道》（2007），羨慕著那些被關注的新星們……我恨我已經老了，早超過 26 歲，連報名資格都沒有，連被打臉的機會都沒有！到底我 26 歲以前，為什麼要放棄我的夢想呢？是我真的不夠好？還是我怕失敗而選擇比較輕鬆的路走？

2009 年，我開始寫部落格，常幻想著自己會因為部落格爆紅，同一年我也開始學習韓國的 MV dance。

我好愛跳舞喔！覺得自己跳舞很好看，看著鏡子裡面的自己，我根本可以挑戰唱跳歌手啊！……我已經無法再用理性壓抑我想追夢的心！我一定要完成小時候的夢想！

2 年後的我，在 35 歲的時候，報名了「明星培訓班」《明星藝能學園》，每個週末都去上課。即使我是班上最老的學生，我仍一點都不退縮，還把初階，中階，最高階的課程全部上完。

為了練舞，為了練唱，我瘋狂的利用上班中午短短的休息時間，花不少錢坐計程車到 KTV，一個人包廂，一邊吃，一邊練唱。或者到舞蹈教室，花費 1 小時數千元的學費，跟老師一對一教學。因為下班後，我就是個得照顧孩子的媽媽，我要好好把握任何一點進步的時間。

為了夢想而癡狂，感受心中的那份熱血，充滿了生命力！但最痛苦的是，你如此心動，但它卻仍如此遙遠。我該放棄嗎？

我曾以為每個人都有渴望的夢想，沒想到有位朋友告訴我，他很羨慕有夢想的人，因為他不知道自己特別想要什麼？這句話似乎安慰了在追夢中倍感挫折的我。

在夢想成真之前，我感受到自己的渴望，看到即使有了孩子，仍不斷地努力的我，擁有更強盛的生命力。即使還沒成真，我已經在沿途感受到豐收了。有夢想的你，想給予你們力量。追求夢想可以從最簡單的地方開始，像是找尋跟夢想有關的資訊，每一次靠近，都會感受內在打從心裡的喜悅，感謝自己仍熱血澎湃的活著！

當生命已經強烈指引你改變的時候，請你勇敢吧！

曾經職場順遂的我，生了兩個孩子之後 開始走下坡。導致後續連續長久的低潮，直到 2011 年我差不多從產後的低潮慢慢走出來。

除了學習唱歌跳舞之外，我也不知不覺的著迷於烘焙，每週都期待週末的來臨，午休時間，都會在網路找各種配方，然後想著週末可以做哪些。要做麵包？還是蛋糕？做餅乾嗎？還是做三種麵包跟一個蛋糕？

那時候我從沒想過，烘焙會改變我什麼，只是閒暇時候的餘興節目。畢竟我還是喜歡工作，還是熱愛唱歌跳舞，廚房怎麼會是我的歸屬呢？

可能是麵包長大的模樣太可愛。可能是曾經以為很難的東西，我竟然自己可以做。可能是自己的興趣，也可以兼顧家人的健康，得到滿滿的成就感……我就這樣一直停不下來了。

曾幾何時，我的部落格觀看人數開始穩定的增加，我的麵包機食譜受到更多人關注了，因為有人看，更激發我想做得更好。我的瘦身文章開始減少了，穿搭文敗家文也消失了……因為我需要更多時間專注在烘焙。

在生命的轉彎處

經營部落格與粉絲專頁已經成為我重要的日常。職場上的成就，我似乎放淡了些，沒想到心情輕鬆了，反而做得也不會太差，就這樣兩邊兼顧過了好一陣子。

某天，適逢工作內容調整，我要開始承接一個我不是很喜歡的業務，日積月累下來，我對自己的工作越來越不耐煩。就連我以前超愛到國外出差行程，那次去完之後，我突然覺得那已經不是我人生的戰場了。

我察覺我變了，我變得愛抱怨我的工作（是打從心裡開始厭煩）。

以前那個野心勃勃的我呢？

反倒是我可以為了做麵包，學唱歌跳舞犧牲睡眠，犧牲休閒時間，也完全不會累。

但原本工作的穩定高薪收入我怎麼捨得下啊？如同金手銬一樣……是自己無法掙脫啊！所以我很努力的試著兼顧兩邊，上班前送孩子去學校，一整天緊湊的上班，回家之後做麵包，哄孩子，烤麵包，孩子睡了之後繼續寫部落格。大概也堅持了半年多吧……後來身體也開始有狀況了。

我對明星夢仍舊渴望，曾熱烈追求卻不如預期，而烘焙彷彿是我在表演之外的另一個舞台，我開始得到了掌聲。漸漸的，烘焙的求知慾越來越強烈，我覺得下班後短短的時間，已經不夠我用了，再加上我對於工作的瑣事越來越不耐煩，終於……我動搖了……我是不是該考慮離職？但掙脫金手銬是何等困難啊？

經過無數的掙扎與害怕，但都抵不過我心底強烈的聲音。不管別人怎麼看我，覺得這年紀怎麼還不切實際？即使未來可能失敗，但錯過了這個機會而可能會有的遺憾，只有我知道那有多痛苦。

正面對決內心的恐懼

很清楚自己想要什麼的時候，那些恐懼不會是阻礙，你反而會更用力的去看清楚到底為什麼恐懼。

可能是家人反對？無法相信自己可以在另一個領域重新開始？怕錢不夠？怕失敗被別人笑？

把它全都寫下來，很多恐懼是自己空想出來的，當妳寫下的那一刻，那些恐懼就消失了！（一旦寫下來，你會發現有些事情根本不會發生）真正是疑慮的部分，想辦法一個一個克服，終究把所有事情排除之後，就勇敢地放手一博吧！

這些恐懼中，發現最難克服的……竟然是「相信自己」。相信自己的直覺是對的、相信自己的決心、相信自己面對困難的時候，有能力可以解決……這些好難喔！

但是，**你……真的比你想像中強大，只要你願意相信，人生就會多了好多可能。**

追夢過來人的身份跟大家說，現在 40 多歲的我，已經遠遠超越我離職時，對自己的預期。我因為更相信自己了，即使在逆境中，也不像以前那麼徬徨了。

原來我一直都很勇敢

中年的你，會一直活在後悔中嗎？覺得自己從以前到現在，在夢想的面前不斷退縮，活得很沒自我？為了家庭，為了生活什麼都被牽絆住了，肩負著責任又無法改變什麼。不甘心但又奈何，只能勸自己放下那些不切實際的想像。

只是，一顆心還是會不時糾結著。我辛苦經歷這一輩子，就這樣了嗎？這是我想要的人生嗎？

其實！你絕對有能力改變這困局的，只要你回顧過往，你會發現，你一直都是勇敢且努力的過著你心所嚮往的生活。

我就是在追夢中，看到這樣勇敢的自己，所以想跟你們分享。

之前，在「明星培訓班」結束之後，我仍不願意放棄，想過繼續發展唱歌的可能。或許要自己花錢錄製唱片，可能要爭取機會到 Pub 駐唱，要把家裡改裝成隔音很好的地方，可以讓我繼續練唱。

但是，到 Pub 駐唱就要工作到半夜，即使滔哥可以幫我照顧孩子，跟孩子疏離的痛，我能承擔嗎？

把家裡某個空間改造，那兩個孩子要睡哪邊？ 哎……是的！不是想到孩子就是老公……他們真是我人生的牽絆嗎？

是否這樣想過……「為什麼我願意，讓他們成為我的牽絆呢？」

因為，沒有把家庭照顧好，我比任何人都無法承受。所以我根本沒有本錢義無反顧。

原來我的夢想，是建立在家庭美滿的基礎上。

原來夢想的真相……不只是站在巨大舞台上，對著大家唱歌接受掌聲。而是，要能把家人照顧好之後，我才有辦法安心的在台上唱歌啊！而且還沒成名之前，我也不能讓全家陪著我，過著經濟堪慮的生活！我必須要有穩定的收入，才能保護他們。

寫到這邊……一時從 20 ～ 30 歲那個追夢的我，瞬間時光穿梭到 40 多歲現在的我。

我看懂了……一直以來，我追求的是在平穩生活的基礎上，還能穩健地追逐自己的夢想。我沒有破釜沉舟的本錢，這條船上有我心愛的家人。不是我們不勇敢，而是我們要知道，我們到底願意為了什麼而勇敢。

生命在不同階段，總有先後順序，不要責備自己活得沒有自己，每天沒用的周旋在家庭瑣事裡。遇到家人的事情，我們會比任何人都勇敢。這些瑣事就是這麼重要！不然為什麼要處理呢？

除了家人之外，原來我潛意識裡面，內建一個喜歡安穩生活又愛賺錢「財務大臣」。 它主導著我很多重要的決定，我才發現……我的行為模式從以前到現在都很一致。

沒有選擇唱歌，而是繼續念書，就是因為短期內要花費的心力與金錢可能很多，重點是，還無法評估可以有多少回報。簡單講就是，唱歌這件事上，我看不到安穩的可能，這位「財務大臣」就在不同階段，直接幫我否決這樣的「提案」，只是我沒意識到而已。

原來，溫飽過得舒服還有把家庭照顧好，是如此重要，而我們一直都擁有著，不自覺已經把它們當成理所當然。根本穩固了，行有餘力，才是我的夢想。

原來，我以為的夢想，並不是用盡全力，而是量力而為

以前我常跟自己對抗，覺得自己應該更用力，更義無反顧，更快速地去完成我的夢想。但卻忽略了，長久以來，我每一個決定，都讓自己可以物質無缺，也可以照顧家庭。在身心穩定的情況下，穩健地往前……原來一直我都幫自己找到最適合的路，只是我沒有察覺到。此刻的我深深感謝自己，也深深感受到祝福……跟自己說……「辛苦了，謝謝妳。不用再自責了……繼續量力而為，穩健地往前就好。」

真心希望很多跟我一樣，為家庭奔波的媽媽爸爸，心有夢想卻心繫家庭的人，看完了我的故事之後，可以跟我一樣，與自己的內在和解……那種平和的感覺，將給予我們更多往前的力量。

沒有了亮眼的工作職稱，我是誰？

在外商銀行的時候，有著「董事」的亮眼頭銜。出去跟客戶談公事，也增添幾分自信。也有穩定且遠高於一般上班族的薪水，在信義區這個金融業密集，且到處都是超級新穎的地方工作，哪樣不是光鮮亮麗呢？這些都是中年的我，多年努力得來的。但隨著我離職之後，這些都沒有了。對一個中年轉職的人來說，這無疑是最大的心理障礙。然而，一旦你有能力跨越了，你會重新看到那位，剛畢業、野心勃勃的自己，充滿衝勁，這種感覺超好超酷！

離職後凌亂的步調

2014 的 2 月，38 歲的時候，我離開了外商銀行，正式告別金融業近 14 年的生活。 離職之前，擔心日後生活不夠緊湊，就先報考了補習班，決定要去考丙級麵包執照。在那之前，我還沒上過一堂烘焙課呢！我真的好期待啊！經過幾番努力之後，也成功拿到了蛋糕／麵包的丙級執照。心裡也放下了一顆大石頭，對麵包還有西點有更多的了解，覺得很踏實！

離開之後，我一直找適合的生活步調。原本固定時間要起床，8：20到辦公室，9：00 開盤 12：00 午休，下午 2：00 上班，晚上 6：00～7：00 點下班的日子……如今早上起床，送完孩子之後，就可以回家，再也不用化妝，不用穿套裝，是種愜意，但也覺得哪裡怪？

接下來要做什麼呢？ 常常不小心滑一下手機就滑到中午，什麼事情也沒做。

幸好粉絲專頁還有部落格每幾天就要更新，為了有題材，我就得嘗試更多食譜。 但即使做了這些，還是有很多時間是空下來的，難免擔心自己是不是太混了？

以前穿著套裝出門，人家都會覺得妳去好公司上班，現在一天到晚邋遢穿。我不是漫無目的的生活，我沒有遊手好閒，但別人是怎麼看我的啊？覺得一個好好的人，怎麼都在家不去上班？他們會不會覺得我因為工作表現很差，而被裁員？

找不到生活的主軸，心情難免慌。就連去市場買菜，買個雞肉豬肉也搞不清楚，煮什麼菜要買什麼部位，一副很生疏的樣子，攤位老闆對我不耐煩的等著我說出口。相較旁邊的阿嬤，一次買了好幾袋，儼然是這攤的 VVIP，跟老闆非常熱絡， 不開口，老闆直接說：「全部都算妳便宜」。哎……以前我都不用來這邊的，直接去昂貴餐廳吃就好，現在來這邊變得超鳥的，真的輸得好徹底。

收入也非常不穩定，一陣有一陣沒有的「業配文」……廠商來殺價，就為了多殺 1000 元猶豫是否要接。最後我答應少 1000 元成交。交稿之後，沒想到對方還是照原價給我。還記得當時剛健身完，我發現了這件事，所以打電話給廠商，提醒他們多匯了 1000 元過來。他們說：「因為妳很認真研究寫文章，我們很感謝妳，沒有多匯喔！」

當下，我很感動自己被肯定，但去了淋浴間的時候，突然……我哭了……曾幾何時，我要為了 1000 元開心或難過？曾幾何時，我開始對三餐的花費要謹慎？誰知道我曾經是多少收入的外商銀行菁英？我為什麼要這麼辛苦的重新開始？

沒有了亮眼的工作職稱，我是誰？
我要怎麼肯定我自己？

雖然有些人覺得那些虛無飄渺光環，都是很表面膚淺的事情。但我卻覺得它很實際，那些是你曾經努力過的證明，是一個肯定，是我的驕傲。這麼美好的過去，幹嘛要謙虛地藏起來？

但如果因為這些驕傲，讓你被過去的輝煌牽絆著，怎麼往前呢？從頭開始的人，每一步都是第一次，就是跟過去不一樣，經驗也不同，一直掛念著以前多好，腰怎麼會彎得下去學習新的事物呢？

謝謝自己過去的努力，並慢慢放下那份高傲的心。相信那份驕傲絕對不會是過去式，是進行式！繼續努力，讓未來的妳感到欣慰淚流。

漸漸地，……在新的領域中，對很多事情充滿好奇，什麼都想要去試試看。我重新遇見剛畢業，對工作非常有企圖心的自己，這樣的自己超棒的！

菜鳥作家的挫折與感動（跳脫舒適圈並不難）

在金融業離職之前，我已經愛上研發烘焙食譜，也一直渴望有機會將寫好的食譜，出版成書。很幸運的，在離職之後，這個願望有機會實現了。但隨即而來的考驗，比我想像中還多。然而，重點不是你遇到什麼樣的難題，而是你用什麼態度去面對它。要埋怨自己遇到倒霉事？還是把它當成考驗，努力的去突破？ 跨過這個關卡之後，就可以看見更棒的自己。

2014 年 4 月份，出版社透過網路找到我，最主要是因為我在部落格上整理了一篇文章「麵包機食譜大全」，裡面有我幾年來做過的食譜，也包含使用心得，告訴新手材料怎麼購買，怎麼保存。要贏得點閱率，當然要有心機，看著自己一些零零散散的文章，大家要找資料也麻煩。乾脆把所有麵包機的食譜、還有使用方法，集合成一篇類似麵包機入口網站的文章。等文章累積觀看人數多了，就更容易被看到。

我就這樣很幸運的被出版社看到了，很快的我們約見面談談彼此意願，覺得可行之後，也火速的簽約了。

出書已經是我肖想有夠久的事情，合約到手的時候，感覺很踏實安心，我終於在離職之後，有個重大目標了！好……開……心……**啊啊啊！**

很慶幸當年研究所時代有寫過論文，對於章節安排比較有概念，時間上的安排也是。跟那種長期處於要把論文搞定才能畢業那種壓力是一樣的，但最大的差別是……論文寫文沒什麼人會看，但這本書會有很多人看！

——克服寫作的困難

拿到合約之後，就是考驗的開始，菜鳥作者的我，才當全職部落客不到 3 個月的我，好多事情我都不會！

要自己拍照？

我不是攝影師，只會按快門，其他相機功能根本不懂。但我拍的照片要放在出版的書上？

如果我不自己拍照的話，就得花費很多錢，找個攝影師配合我的寫作步調（其他作者會把所有麵包都做好，集中一天拍照，但我根本做不到）。剛離職沒什麼收入，只好硬著頭皮自己拍。

即使不會擺盤，燈光調整也不會。臨時抱佛腳的去買一些桌巾，一些餐盤，參考著之前出版過的食譜書，看別人怎麼擺，學到些靈感，一邊做一邊學。 雖然有點膽顫驚心，但卻慢慢的在做中學習。

我不是烘焙專業人士，我常懷疑，我有資格寫烘焙書嗎？

有太多專業領域的部分，我真的不懂。但現在我要寫一本書，跟大家分享怎麼做麵包？我真的夠資格嗎？

但想想，難道我要因為這樣的質疑，放棄出版這本書嗎？ 當然不行！我告訴自己，我是因為麵包機讓我愛上烘焙，這樣也快 5 年了啊，又不是不是完全菜鳥。 我盡可能地把自己的心得，喜愛麵包機的熱忱寫出來就好，豁出去就是了！

離職之後，就是一次又一次的脫離舒適圈，難道不會拍照，就直接雙手一攤說我不會嗎？當然要想辦法克服啊！臉皮要厚，退縮也沒後路，只能往前走了。

經過幾個月的努力之後，隨著交稿結束，我經歷了好多人生的第一次。

第一次參與新書封面拍攝。好期待自己的照片，可能出現在書封面上啊！
第一次的烘焙教學，直接面對粉絲，當時真的好緊張。
第一次衝去誠品、金石堂各大書店，找我的書，並且拍照，然後期待有人認出我，但連一個都沒有（:P）！如果沒看到上架，還會打給出版社，催促快點把書上架。
第一次簽書會，好擔心沒人要來。
第一次在博客來排行榜上看到我的名字，覺得非常不可思議。

我深深的感謝，這輩子有機會去體驗這些完全在我人生意料外的事情。我想跟你們說，這些經歷都讓我覺得不虛此生。原來……人生的劇本是可以這麼多變的！原來，我真的可以改變我的人生。

非常非常感謝身邊的朋友、以前的同事。一個人買了好幾本我的書，我當然非常樂意的，回以前的辦公室簽書。看著一疊疊的書……眼眶泛著淚光……滿滿的感動……。

出版後的忐忑

當年麵包機社團是很多人關注，我的書出版之後，很快就有人買了，也有人試做了， 我真的很忐忑啊！到底我覺得好吃的麵包，是我自我感覺良好嗎？……但我家人也覺得好吃啊！

有人說好吃，也有人很直接貼文說「照著辣媽的食譜做出來的吐司，怎麼這麼乾？」在螢幕面前的我，好想逃避當成沒看到，但我是不是該為我的食譜做說明呢？這些害怕心虛，全都指向於我對自己的質疑，「我不是專業的烘焙師傅，憑什麼寫書？」

對方是不是也覺得我不夠格？會不會有人覺得，這本書很糟糕？

只是……這條路才剛開始，連試著解釋回答的勇氣都沒有，我哪有資格繼續走下去？於是，我深呼吸之後就去回覆留言。跟對方說明，我猜測麵包會變乾的可能原因。很幸運的，對方很客氣的回覆我，說他會再試試看。原來，根本不是我預想的那樣，以為別人就認定我不夠格。

想想，我本來就不是烘焙師傅，但我也不是完全都不會啊！我就盡我所能地回答，不懂的話，趕快去查一查，有空馬上做實驗。沒空而且也真的不知道，就直接說不會。不需要為了掩蓋自己的不足，而繞了好幾圈講話，只會讓人更生氣啊！

沒有人等到完美才出書，即使幾乎完美的人出了書，他之後都還會繼續進步，讓自己更完美，難道他要等到更好的時候才出書，那要等到哪時候？現在是我的機會，我就是要抓緊這個機會，管他之後有什麼考驗……我是真的不夠好，但我願意學習，這樣不行嗎？當然可以！

因為第一本書賣得還蠻好的，我很快的就拿到第二本、第三本書的合約。好開心啊！我可以繼續寫書了。

只要你有勇氣面對考驗，跳脫舒適圈絕對沒有想像中困難！

人定勝天或許只是一種執著

我是個拚命三郎，只要有想要達到的目標，都會奮不顧身的去衝，去爭取去努力。以前的我，不相信什麼是命運，我覺得只要我願意，就可以人定勝天。但現在的我反而覺得，**盡力了之後，能夠坦然的接受結果，會是一件更完美的事。**

因為第一本書大賣，我也被出本社催促著第二本書快點誕生。2015 年 5 月，隔不到 1 年的時間，第二本書《新食感 2，包吃包玩麵包機》出版了，有了第一本書的經驗，出版第二本就比較不會慌。

因為我對麵包更有自己的想法，也清楚自己想要突破的地方。

照片當然也拍得比第一本漂亮，麵包本身也要有不同的挑戰，無論是圖案、口感、餡料，我都想要有所突破。可能太多腦袋裡面的想像，我都盡可能地做出來，我對這一本書，也多了很多期待與幻想……會不會讓大家震撼？讓大家驚嘆！讓每個人都說好？想像人家說：「沒想到第二本更厲害」、「辣媽真的很強啊」，就沉醉在自我膨脹的想像中。

其實我從小到現在，已經無數次在腦袋裡面想像，突然有了什麼想法，然後自己以為超棒，搭配上我的執行力，付諸實現之後，就以為自己可以造成震撼。特別在睡前如果想像這些事的發生，我就會興奮得睡不著。想像著很多人對我另眼相看！想像超越那些我討厭的人，讓很多人羨慕讚嘆的那種景象……哈……但現在實際發生的，都跟我想像不一樣。

第二本銷售狀況其實也很好了，但就是沒有當初第一本那麼好。照理說內容更充實，而且我更有經驗，為什麼就是沒辦法超越第一本呢？

可能是這本比較進階，很多人覺得比較難？也可能很多人買了麵包機做幾次之後，沒新鮮感了，就擺一旁了？所以這本買的人才比較少？不管怎麼猜測，也沒有人會知道真正的原因，或許只是想找個原因來安慰自己吧？

還記得當初每天盯著博客來排行榜，看看自己是否還在榜上，心情就跟著榜單起起伏伏，掉出榜外了，是否還有機會再回來？

跟出版社討論原因，他們除了安慰我之外，還提到……其實並不是很多人可以超越自己的第一本書，但我總覺得，只要我願意努力，就可以破除這樣的魔咒。一副人定勝天的高傲感——「你信不信，我就是跟別人不一樣。」

於是我比第一本更用力地在貼文，甚至拍影片，也跟出版社討論，還可以怎麼做會更好。可惜的是……最後並沒有破除這樣的魔咒。只能無奈的接受，我盡全力了，結果還是會不如預期。

但回頭細想，有沒有超越自己，只有自己最清楚，如果還能獲得大眾肯定，那當然是更好。如果沒有預期的好，還是有很多人肯定支持，看到很多粉絲，照著食譜做出來成功的麵包，這種肯定似乎比排行榜的名次，還來得更切實際啊！

我體會到，不要因為沒有達到預期，而全盤否定了自己的努力，也忽略了那些一直支持你的人，也忘了你已經累積了很多。為什麼不反過來想，**「我只是沒達到預期而已，其他我都做得很好了！」**

再細想……即使早知道這件事，可能會無法達到預期，難道我就會因為這樣，而不去做嗎？當然不會！這是我真正想做的呀！那麼，結果是不是就沒那麼重要了呢？我只是希望有個好的結果，來更加肯定自己而已。

人定勝天或許不存在吧？即使勝天了，可能命也沒了。不需要勝天，才是好結局，那只是一種執著？為了證明自己可以？人都中年了……還有很多事情要兼顧，為了證明自己可以要付出多少代價？為什麼非要這個證明呢？是因為那個「證明」是大家都看得到的，自己的價值才能被彰顯？而什麼才是自我價值呢？很耐人尋味呀！！

我不知道每一次的試煉，背後都是隱含了什麼功課。但我想沒有一定的答案，你察覺了什麼，就學到什麼。之後，繼續學更多，然後累積下去。坦然接受結果，並且好好的肯定自己，那是一件更不容易的事。

學習讓你不枉此生

不是麵包或是甜點師傅出身的我，為了充實我自己，離職之後，我密集的參加了很多烘焙課程。除了過程療癒之外，我意外發現，原來學習竟然是一件如此開心的事。

離職之後，隨著越來越多粉絲提問……我就快要答不出來了。深怕自己自學有很多盲點，加上我心急的個性，總希望快速地吸取寶貴的經驗，好好學習，就開始四處打聽哪邊可以上課。我找了各種不同的教室，有些是專業烘焙，有些是家庭式的料理與烘焙，或是有實際販售甜點的教室，每週都會固定找時間去上課，生活很忙碌很充實。

各類廚藝教室學習

我不太適合一直看著食譜書自學，太多文字的書籍對我來說，都是個障礙。也透過在廚藝教室朋友的推薦，找到了法式甜點的學習教室，每週上一堂課，這樣也連續上了 1 年多，學到很多做甜點的細節，從使用的工具到配方材料不同對成品的影響……當然也吃到好多好吃的甜點……深深感謝我的老師。

另外也有到日本的廚藝教室學習，無論是料理，麵包都學到很多。有些同學是為了做給孩子吃，有些是為了自己開店，有些是爸媽希望他來學習……很多很多。在廚藝教室總會看到人生不一樣的風景，原來在上班族之外的世界，是這麼精采。

每上完一堂課都有驚喜，我很驚訝原來學習對我來說，是離職後覺得非常美好的事情。我常常在上完課，走出教室之後，會一個人抬頭看著天空，好好享受那種，被新知識充滿的感覺。我跟自己說：「怎麼可以如此美好啊？……我覺得自己變得更好更強了，好踏實的安全感啊！」

我想想以前念書的時候，好像沒這麼開心過。為了念書、為了成績，到底跟未來有沒有關係我也不清楚，就是把該做的事情完成。

如果當年我就是學這個有多好？但，當年我對烘焙也沒興趣呀，什麼手作？我又不是要當個賢妻 XDDD。而且學金融也很好啊！那也曾經是我喜愛的科目，因為 20 多歲時腦袋還不錯，能搞定那些複雜的數學，拿到一個珍貴的學位，才能讓我有個好工作、好的經歷、曾經那些共事過的同事、擁有那些美好回憶，也讓我存了些錢……這些都很好！人生的每個階段都沒有浪費的！（珍惜滿足的感覺～）

學習永遠都不會太晚

記得有位可愛的小粉絲問我，她今年已經 18 歲了，很多同儕學做麵包已經幾年了，他現在 18 歲開始學，會不會太晚？誒……阿姨我是 31 歲才開始接觸，還沒真正學習，當時只是玩玩。什麼是太晚呢？很多人會擔心一些事，其實可能沒有把問題想得更細，所以只是一個念頭，一個世俗的觀點就把你絆住了。

每個人要走的路都不一樣，不見得學麵包以後一定要怎樣，學了才知道你是否喜歡，學了就會有下一步，如果你真的喜歡，你會願意去突破的。

擔心會不會太晚？是因為學了這個，就一定要達到什麼目標的執著嗎？或者擔心比別人慢？

做任何事情，都沒人能保證做了就一定可以達到什麼目標，那跟幾歲無關。學習是一件愉快的事情，真心的推薦，偶爾去上個課，一切會變得很新奇，覺得自己變年輕了！這種感覺真的很好。

一切的學習，變成了自己創作的養分，直到某天，累積的那些，突然轉換成你的創作。我很珍惜這樣的過程，雖然是個花費，但絕對是個超棒的投資！

缺點竟然是最大優勢

隨著書的出版，有更多人看到我了，陸續有些媽媽找我去開課，教大家做麵包。但我不是烘焙師傅耶，我真的有資格去教別人嗎？

但要等到什麼時候，才夠資格呢？先推自己一把吧！真正去做，才知道哪裡有問題。勇敢地走出去吧！

還記得當初的第一堂烘焙教學課，我還住在沒有電梯的公寓，自己從五樓將烤箱還有麵包機扛到地下室停車場的車上，自己開車去教課。一開始也不知道去哪邊教課才好，當時還是跟咖啡廳借的場地。雖然很辛苦也很克難，但我覺得這是難得的機會，要緊抓不放。雖然我不是師傅，也沒所謂準備好了才開始，做了才知道自己哪邊需要改進，也才知道自己到底是否適合。

在教學的過程中，試著把我所知道的，用最簡單的方式表達出來，就希望大家可以更簡單的理解。教課可以訓練邏輯還有口條，還可以賺錢，感覺就是一兼二顧，真好啊！

心虛的人師

我常心虛的擔心，萬一有很厲害的學徒級的人來報名看我怎麼上課，萬一被這種人識破手腳來踢館，那該怎麼辦？還記得，曾經有位看起來架勢十足的男同學走進教室來，我講話就開始有點緊張心虛，但內心仍要故作鎮定。直到大家練習滾圓的時候，我……才鬆一口氣……啊……原來是初學者啊，噗……原來一切都是我的想像。

我也常陷入兩難，到底應該放手讓同學試試看？還是最後自己再幫大家修正一下麵包，烤出來才會漂亮。畢竟麵包烤好出爐的時候，大家都會很開心地拍照。只是有些麵包實在狀況不好，他們拍了之後，放到自己的 Facebook 這樣是不是被更多人看到，那些人暗地裡覺得「這是哪個老師教的啊」？寫到這邊，自己都想笑，我的內心戲還真多啊！

人啊～沒自信的時候，處處都心虛呀！

但後來發現，有個不完美的麵包，反而讓大家有更深刻的學習印象。大家一起討論可能的失敗原因，下次怎樣改進才最好，這才是課程最大的意義。漸漸的，我就不那麼在意麵包是否可以完美呈現，學到一次深刻的印象，比什麼都值得！

我教得好嗎？

課堂上，盡可能把自己會的跟大家分享。但自己總有極限，經驗有限。當同學問的問題我無法回答的時候，很擔心別人會對我失望。或者哪位同學的某個眼神，是不是因為我哪句話說錯了，或者我沒有照顧到每個人？

每次報名的人數起起伏伏，也是擔心是不是自己不夠好。但除了更努力研發新食譜、更盡心地把自己知道的交代清楚，這才是唯一我可以做的事情。別人喜不喜歡我，或其他不可控的因素，我擔心也沒有幫助，那就繼續努力就好。

缺點竟然是最大優勢？！

一段時間之後，有越來越多同學跟我說，他們做麵包真的進步了，家人也吃得很開心，讓我有著滿滿的成就感。原本擔心自己不是專業師傅，但久了更確定，有很多同學對「麵包機」的基本操作，原理並不是很清楚。一般的烘焙課程是不會使用麵包機的，而我剛好在這部分比較有心得，同時也使用過很多種家用烤箱，就因為我不夠專業，用麵包機比較多，才更貼近大家。就因為我不夠專業，我更懂家庭主婦需要的是簡單方便的食譜。原來……缺點竟然也可以是優勢啊？怎麼這麼好 XDD。

如果一開始，我因為「我不夠專業」的心魔卡住，而一直沒去嘗試的話，怎會有機會看到事情的全貌？怎會有機會找到我的舞台呢？熱忱真的很重要，它會給你勇氣，去嘗試你懷疑但卻很想做的事情。即使沿途有挫折，熱忱會讓你願意克服這些困難。**有沒有發現，大多的阻礙都是來自於自己的內心。能跨越心理的障礙，外界的考驗就沒那麼困難了！所以，勇敢的跨出去吧！**

比明星夢更美好的夢

看了這本書的讀者應該知道，9 年前才從外商銀行離職。我想要當歌手，當然那時候的我，也熱愛著烘焙。一次又一次的嘗試，我知道在歌唱這條路，實在太艱難，而我也因為看不到曙光，而有些喪志。相反的，在烘焙領域，因為有太多好玩的變化，同時間也得到很多人的關注，得到了成就感，我也願意投入更多的心力。

就這樣不知不覺已經離職滿 9 年，踏入第 10 年。每一次的直播、每一次實際跟粉絲們碰面，我都滿滿的感謝。

問：會後悔沒有堅持繼續唱歌嗎？
答：曾經會！但越來越不後悔了。因為走了這趟路之後，發現了自己真正想要追求的，除了名利雙收之外，是想要得到更多人肯定。在烘焙的領域，是另一個令人嚮往的舞台。

在「名利雙收」的部分，後來我才知道，穩定且良好的物質生活，是我非常重視的。所以我不可能天真浪漫的為了唱歌耗盡我所有的存款，連生活、連孩子都不管。很感謝在歌唱的挫敗，讓我有更多時間可以烘焙。在家的時候，可以多些時間關注孩子。做出來的麵包，也可以讓孩子吃得健康開心。真是一個可以同時將工作與家庭一起兼顧的好方法。

而「想要得到更多人肯定」這件事，就值得深聊了！

這 9 年來的日子，每一則貼文，幾個讚數，曝光多少？ YouTube 影片幾個點閱，其他人是否比我多？為什麼會比我多？是我不夠好嗎？偶爾我拍到滿意的影片，曝光度多了，我也會感慨這只是偶然，到底下一支好作品在哪裡？

後來，我漸漸理解了我的心在想什麼。

心裡一直有個聲音「我明明很獨特，但為什麼沒辦法得到很多人的認同？」但我說不出「要有多少人認同才算數」，因為不管是什麼數字，永遠都有人比我多。

小時候看著少女漫畫，總期待有個像是「王子」的人出現，不管我有多少缺點，他仍可以無限包容我，就因為他看到我的獨特。以為有個這樣的人存在，就可以證明我是個很棒的人。長大後才知道，伴侶是獨立的存在，愛情不是用來無限填補我心中的不足。不要期待「有個人會愛妳，多於妳愛自己」，妳必須無條件地愛自己。小時候幻想的那位「王子」不是誰，「王子」就是妳自己。

我現在不會用「好或不好」來評斷自己。看到自己盡心盡力，慢慢進步，原來我是這麼平實的人。路遙知馬力，我替自己感到驕傲。得到眾人肯定，猶如短暫的強力特效藥。得到自己肯定，才是長效、不被動搖的最終解藥。

追夢追夢……原來最後是追到自己的心。

很欣慰聽到有人說：「謝謝妳的食譜，對我們幫助很大。」謝謝你們……這些對我來說，是莫大的肯定。

是過程不是最終結果

你們跟我一樣嗎？很努力的完成一件事情，但卻一直得不到自己滿意的結果。可能是工作表現，可能是孩子的成績一直沒進步，可能是做麵包一直沒成功，……很多很多。

為了讓粉絲持續增加，我必須拍攝影片，增加我的曝光度。一段時間之後，我開始被拍攝影片這件事困擾著，影片已經是現在社群媒體最重要的形式之一，它花了我很多時間精力還有金錢，每一次貼文之後，我就會緊盯著螢幕，看看大家是否喜歡，過了幾天之後，大家的反應是什麼。

很欣慰大家喜歡這些影片，只是我比較貪心，可能點閱率沒達到我預期的結果。 一次又一次還是沒有太大突破，在心中累積了些挫折感，甚至覺得，乾脆不要拍好了，想著時間可以分配到其他事情上？哎……怎麼可能呢？我還想要往前衝啊！

某一次偶然的情況下，看到其他 YouTuber 早期的作品，看他們一開始怎麼努力的，堅持了很久才有今天的成果，我就慢慢想開了。很少人只拍攝過少少的影片就成功的！再回頭看看自己這段時間拍影片的歷程，其實一直有在進步啊！每一次的拍攝，都有學到一些不一樣的小技巧，多點巧思……我可是一點一滴在往前！想想我因為影片，用不同角度體驗不一樣的人生，這不就是個經歷，是個重要的過程呀！

恰巧最近看了紫嚴導師的新書《勇敢層級》，裡面提到「**不需要把每個單一事件，看成是『結果』。而是可以把這一切視為『過程』。**」找到一句精簡的話，來表達我的感受，覺得很棒！

之前我的確把每個影片的成效都當成是最終結果，像是「分享數不夠多，代表這影片拍得不夠好」，「反應普普，是我的問題嗎？」。明明每一次都有進步，但卻仍自我批判到感到很難受。

如果心裡面的包袱越來越重，是走不長遠的！

不要跟我們這種人說 「不要太在意結果」喔！也不需要說「只要是自己喜歡的事，就不用在意結果。」這是不可能的！你們不懂我們的執著，我們一輩子就是會一直在意！更何況「受歡迎」也是我們追求的事情之一呀！

但我在意的焦點，的確可以考慮轉換一下。**試著去在意從每一次事件中，我們學習到什麼。 而堅定地相信，這些學習，會成就更好的自己！**

稍微拉回來聊聊「為什麼我這麼在意每一次的結果呢？」

是不是太急著想要證明自己？是不是我們終究還是缺乏自信啊？是不是一直希望可以藉由外界評斷的好壞，來衡量這件事情的成功與否。然後在心情不好的時候，還會自己否定，覺得一切都是因為自己不夠好？

不是我們不好，只是在所有領域上，永遠有太多要學習，好多要妥協，才能成就一件小小的事情。現在資訊太發達，我們很容易看到別人的成功，就錯以為，那些是可以輕而易舉的！

在這一次又一次的過程中，我發現自己的倔強，像是很懶得為了一個美麗的鏡頭，而要移動家裡一堆家具，甚至要多買花花草草來裝飾。常常貪方便，直接把鏡頭拍得很近，這樣凌亂的後方，就看不到，但這樣也侷限了拍攝的角度。

為了不浪費食物（怕吃不完），只準備少少的份量，怎麼拍也很難澎湃，怎能滿足觀眾的視覺呢？……當然，這未必是影片點閱率不夠好的主要原因，但至少讓我更懂自己還是有所「固執」。而這些「固執」，似乎比「效果」還來得重要，不然我怎麼會堅持不改變呢？

坦然接受自己有很多要學習的，坦然接受自己的倔強，細細體會每次的經驗。想想從小每一次小考，每一次大考。第一份工作，第一年的工作績效。當下順遂就視為成功；不順遂，就以為自己失敗。

回過頭來看，每一次的努力，不管滿不滿意，我們都比昨天更好。每一次的點滴「過程」成就了今天的我們，而且未來還是繼續累積下去。至於「結果」是什麼呢？我們不會因為某個好結果，就覺得自己這輩子可以停下來，也不會因為一個壞結果，而覺得自己一輩子完蛋。所以好／壞結果真的有這麼重要嗎？**或許，可以用更輕盈的腳步繼續走下去，體會人生的不同風景，這才更重要吧！過程遠比結果精采呢！**

埋怨會讓自己停滯不前

拍攝影片、經營社群真的是件不容易的事。但我相信各行各業，甚至經營自己的家庭，都有它的甘苦談。不管你再努力，仍會遇到瓶頸。如果這樣的困境已經持續一陣子了，卻還是沒有改善，那該怎麼辦呢？會不自覺就埋怨了起來嗎？但，這樣是無法解決問題的。

曾經有段時間，連續了好幾個月辛苦拍攝的影片，分享在 FB、YouTube 播放，點閱率都超級低。難免感慨絞盡腦汁想內容，除了花時間拍攝，還有花錢外包給人家編輯，竟是換來這樣令人失望的結果。但若不繼續拍下去，就等同於放棄經營 YouTube 了……。來回掙扎的心情，一晃眼就過了幾個月。忍不住怪東怪西，覺得這些平台真可惡，憑什麼降低我的點閱率？

就在某一週突然任性地想著，反正影片都沒什麼人看，那乾脆自己拍開心好了。於是，我拍了一片「廚房使用 5 年的心得」，影片裡整理了廚房很雷的設計，沒想到意外受到關注。很少很少機會可以同時在 YouTube、Facebook 上同時都被自動推播，觀看人數一直攀升。哇～我抓到流量密碼了嗎？

這時候我才突然頓悟……原來不是平台不推播，而是「我的內容該調整了！」

想想做料理做烘焙類的影音，也普及有好幾年了，是不是大家也沒什麼新鮮感了？其實連我自己也拍膩了。並不是說，以後再也不拍相關主題，而是得再想想其他更多樣的拍攝方式，這樣自己做起來才會有熱忱。有改變就有契機啊！

經營網路得一直改變，這都是在鍛鍊自己的心。**一直怪平台、怪世界變得不友善……這都是自己不願意改變的危險警訊，也是阻礙自己突破與進步的想法**。我可不想年紀輕輕，就有著滿腹抱怨或是哀怨一直到年老，依舊覺得自己遇不到伯樂，懷才不遇。原來，最該改變的是自己的心，而不是這個世界！

平台一切都是商業利益的結合，為了更好的獲利，得迅速找到群眾的喜好，並且為此做出改變。一切就是如此快速與現實。但，這就是我們工作最困難，也是最有趣的地方。（挑戰帶給人更多動力，不然我怎麼會繼續做下去呢？）

但，更難的問題來了。如果知道自己該改變了，那該往哪個方向走呢？沒人知道的！只能自己認份的多方嘗試，才有機會擦出不同的火花。

而且還不知道需要多久的時間，可能很快，也可能很久才會看到成果。在美好希望之前，可能是無限的嘗試與失敗。或許有些人羨慕我們的生活，工作時間彈性，做著自己熱愛的事，還可以賺錢。但背後要付出還蠻多冒險的代價，願意選擇這樣職業的人，必須是百分百真愛（這份工作）！

從外商銀行上班族轉行到現在自媒體的職業，有好大的不同。雖然有些人埋怨，上班族的工作太過規律無聊，但這樣的工作，會讓人有安穩的感覺。真的是各有好壞！請珍惜自己所有，但也給自己改變的機會。只要是深思熟慮過的，那些改變都會讓自己更勇敢。如果你一直處在埋怨的情緒中，或許改變的契機已經悄悄來臨了，一起加油吧！

差點忘了追夢的初心

不知不覺，我已經離開銀行超過 9 年了。工作開始上軌道之後，烘焙已經變成工作的日常。有時候為了趕案子，還得在短時間內，反覆練習很難的麵包。擔心著萬一做不出來怎麼辦？即使倦怠了，還是得秉著責任，必須去完成。對比幾年前，那個剛開始學烘焙的我，為了嘗試新配方，可以把所有時間都排開，專心的做自己最愛的麵包。…….哎……難道是我已經不熱愛這件事了嗎？

前陣子趁著空擋，看了非常受歡迎的韓劇《雖然 30，但仍 17》。女主角申惠善，扮演了一個很有天份的小提琴青少女。但因為意外車禍，她昏迷了 13 年，直到 30 歲那年才醒來。她很難接受自己已經30歲，這13年這麼寶貴的青春歲月，她竟然完全沒有印象。

醒來之後，她察覺自己一直對小提琴，仍有滿滿的喜愛與熱忱。偶然間，30 歲的她再次遇到以前的競爭對手，對方已經變成一位非常知名的小提琴家。當年這位小提琴家是非常嫉妒女主角的，因為女主角的演奏總是能吸引比較多的讚許與目光。小提琴家非常討厭她的存在，怕被她超越，怕自己因為這樣顯得沒有價值。

就在某次演奏會後，申惠善告訴小提琴家：「那天我看到妳的演奏，我很感動得哭了。我羨慕妳的成就，羨慕妳表演時候的自信，我離妳太遙遠了。雖然我現在對小提琴變得生疏，但只要有任何的機會，可以做跟音樂有關的事情，即使只有一點點相關，我就覺得非常開心。我不管自己以後會不會更好，我只知道現在的我，如果能繼續接觸音樂，我就可以很幸福」。

這句話打動了我，這種單純的喜歡音樂，那份「純粹」很令人感動。好像可以完全不求回報，只為了自己喜歡。

仔細想想……我似乎忘了當初那份純粹喜歡烘焙的心。想當年，真的是覺得烘焙有驚喜，有療癒。如果有機會做給很多人吃，就算忙死累死了，還是要做一大堆麵包蛋糕，這樣才會覺得過癮。那時候的我，根本沒期待要有什麼回報啊！

幾年之後的現在，烘焙成了我的工作，不自覺會越來越看重得失這次做得不夠好，那影片是不是要重拍？配方調整不出來我想要的樣子，怎麼能跟大家分享？ 按讚數不多，是我的問題嗎？看到別人很厲害的作品，是不是我不夠努力？明明烘焙的過程，是很療癒的呀。

隔天早上起床之後， 我想試著放下緊繃的情緒！拍影片的時候，我刻意讓自己變慢，在拍攝成品照片的時候，不會急著想把它完成。而是把剛烤好的餅乾這樣排，又換那樣排。咦？怎麼覺得好玩了起來，而不是因為怎樣都排不好，而感到煩躁。

要拍照的時候，要多加點裝飾，應該怎麼弄比較好？還是加點造型，畫出熊熊的樣子，之後拍出來的照片，還真的太可愛了。哇～我還真的很強啊！原來當初喜歡烘焙，就是這種感覺呀！原來自己的手，還滿巧的嘛（撥頭髮 XDD）～簡單的餅乾，自己多一點創意，就變得很不一樣。

我就像是劇裡面那個，已是眾多人羨慕的小提琴家一樣，看到只要有人比我好，就會覺得失落難過。明明站在舞台中間了，卻一直擔心觀眾是否喜歡我的作品。忘了當初那在烘焙過程中本身就是一種喜悅，也是我最初的初衷。看來我得不時把「迷失在得失裡的自己」叫回來，想想初衷，再從中得到繼續往前的力量與勇氣。

網紅的焦慮——如果我開始走下坡了怎麼辦？

其實這個問題，我還沒想過（因為我根本沒有爆紅），只是陸續看到幾位知名網紅遇到人生低潮，身心備受煎熬，心靈飽受折磨，而有感而發。

我可以想見那種感覺吧！已經盡力，還是不如自己期待，覺得好像什麼題材還不錯，但卻沒辦法發揮得好，點閱率、按讚數自己都無法接受。被好多人批評，都懷疑自己真有那麼糟？想著曾經有多好，好擔心再也回不去的那種感覺。

我在30多歲的時候，還在外商銀行工作，經歷了前所未有的低潮，生完孩子身材變差，工作嘗試力挽狂瀾，卻還是表現平平，跟老公的關係變糟了，再也回不去過去那優秀的自己，好痛苦！那時候沒人認識我，沒人會酸我，但我已經把自己罵得狗血淋頭。

我不知道問題出在哪裡？就是一直深陷泥沼爬不出來，我已經使出渾身解術，卻還是越陷越深，我覺得我很糟，我怕我一輩子就一直這樣。更害怕眼前看到的，還不是最糟的狀況，那該怎麼辦？

脆弱到去卜卦算命，問我是否有機會可以做到一個好案子（我當時是金融同業的 Sales，業績可是我的命啊）。老師不置可否，只對我說：「妳現在的氣場還是很弱」。被這一樣戳，更忍不住一直掉淚。

回過頭去看那段可怕的日子，那種幾乎要絕望的感覺，無力痛苦的感覺，幾乎每天哭的日子，現在想起來，最可怕不是遇到什麼不好的事情，而是——不再相信自己。這是好強的人最致命的要害啊。曾經我們以為自己比別人好，曾經的那份驕傲被狠狠否定了，是多麼難堪啊！

那時候我祈求「拜託誰可以帶我離開這低潮嗎？只要讓我做到一個好案子，我就可以重新相信自己了」，然而最關鍵的不是事情變好，而是我們的心。**想要脫離低潮，最重要的是，先接受現在的低潮。**

那我怎麼走過來的？

還是要接受現況，並且專注於自己喜歡做的事情，並且要給自己時間。但不用強逼相信自己會越來越好，因為你本來就會越來越好。

我當初放棄掙扎了，不求一定要做出什麼大案子，先希望自己把每一件小事做好，並且踏實的去感受自己完成的每一件事。可能是把一封 Email 回得完整、把一個小的交易完成，細心的回覆客戶電話。甚至……可以專心地把一個字寫得很工整漂亮，靜下來感受自己的呼吸……就會感受到自己是一個踏實過生活的人，我哪裡不夠好呢？

之後過了 1 ～ 2 年，我並沒有做到任何一個大案子，也沒有達到我當初的預期，但我不再那麼自責了，因為我知道我夠認真了！

漸漸的，我愛上烘焙，開始期待每個週末的來臨，曾經以為自己沒用的藉由烘焙逃避工作的不順遂，但它卻意外地漸漸成為我生活的重心。然後……經過了快 10 年……（省略很多）就成為你們今天看到的辣媽。

變好，並不一定是實現原本的願望，有時候命運會帶你轉個彎，讓你看到全然不一樣的風景，重新找到熱忱，讓你重新接受自己，這些都是為了未來做的最好的準備！

如果沒有那段低潮洗禮，我今天沒辦法這麼勇敢堅強。沒有當初整個信心潰堤，哪有今天的自信。

人生不會一直處在高位，當然也不會一直留在低谷。**暫時把外界的事情拋開，專心地完成一件小事，世界變得簡單了，你會發現——你還很行的！**

業配越做越誇張？（酸民的質疑）

我的工作穩定之後，漸漸地有越來越多的機會跟廠商配合。而我也是個愛嘗試新鮮事物的人，「商業」活動也跟著增加。結果，不時會有人在我的商業文下面留言：「業配越做越誇張」。我相信這是部分人的心聲，也曾經是我極大的心理障礙。

但我怎麼看待我自己呢？

粉絲專頁應該是無私的分享，不應該商業化。妳不是食譜書的作者嗎？不應該專注於食譜的分享，為什麼「沉淪」了，還寫這些業配文？

但現在早就跟以前不一樣了，作者很難單靠版稅維生，其他的業配文是難免的，畢竟經營粉絲專頁對我來說，是工作，並不是慈善事業。一開始接的時候，我也是會擔心，這樣是否違背「初心」，違背大家對我的期待？

離開金融業，是想自由地做自己喜歡的的事，當然也包含賺錢。金錢可以帶給我十足的安全感與成就感。如果是我認同的商品，那就試著跟廠商合作推廣吧！

我們回過頭來討論一下，「違背大家的期待」，到底是什麼意思呢？是真正大家對我的期待？還是我內心給自己的限制呢？追蹤我的人又不是只有一兩個，我怎麼可能知道每個人對我的期望呢？還是說那些期待，都是內心的投射？

曾經某一次我在廚房直播的時候，跟粉絲們介紹跟廚房無關的美容電器。就有人直接在直播中留言「看你介紹這些東西，真的很失望」（可能他們期待我要專注在烘焙上吧？但誰知道他真正在想什麼？）

這幾年下來，已經練就「部分」金剛不壞之身。那天我並沒有受到影響，因為我已經清楚自己在做什麼。反而我直接在直播時候回覆「我介紹不同商品，已經很久了喔，而且我還會這樣繼續做下去。」

如果我會介意，那代表對方的言語，誘發我內心對自己的質疑，他的批評才會造成共鳴，對我有所影響。當我清楚知道自己想要什麼，那些言語就會變得雲淡風輕。

我必須先喜歡這些商品，才會接下案子。我要有足夠的經濟能力，才能養家活口，才有辦法繼續自己想做的烘焙。

而且，寫了邀稿文／做了團購之後，自己因此認識更多不一樣的商品與食材。試用的過程中，對烘焙有更不一樣的體驗。原來一樣的麵包，使用不同的工具時，不但製作方法要調整，配方也要稍微調整。認識不一樣的廠商、接觸不一樣的人，讓我可以用更不同的面向去看待烘焙這件事。在銷售的過程中，也能看到自己的不足，看到自己內心的掙扎與矛盾。覺得自己進步很快，也大開眼界看到更多不一樣的商品，對喜歡嘗試新鮮事物的我，是如魚得水的！如果一開始，因為擔心商業化而限制了我自己，又怎麼會有這些收穫呢？

「妳本業是烘焙，越界 OK 嗎？」

咦？我本業是金融業啊！不是烘焙。大學 4 年＋研究所 2 年，還有金融業工作近 14 年，總共 19 年的時間在金融業。烘焙一開始是興趣，雖然陸陸續續有去上課學習，但完全沒有受過正規訓練。

自己愛做愛分享，做多了分享多了，越來越有心得，就忍不住一直想要做下去。因為想要全心投入，以興趣維生，才掙脫我依戀的金手銬離開的。

人生不長但也不短，一個人一輩子不會只有一個專長，而現在你的專長，也不是一開始就是專長。可能先覺得有趣，之後我們慢慢的點滴累積。如果你在 10 年前看到我，是否會質疑做金融的講什麼烘焙？喜歡就去做吧，久了就會變成你的強項。

有五成把握，就值得去做！

每當我嘗試新的事物，都是我給自己的挑戰，我不可能都準備好了才去挑戰。 可能有五分的把握，我就會去試試了。

我知道時間久了，處在舒適圈的我們，會害怕嘗試新事物。因為我們知道前方是未知的，一開始的學習是辛苦的。不需要覺得自己起步太晚，或者立刻否定自己，跟自己說沒辦法。反而要鼓勵自己，擁有想要脫離舒適圈的念頭，是多麼不簡單的事情。

就像最近幾個月，在烘焙之外，我開始挑戰料理一樣。剛開始分享的時候，也非常忐忑，很怕自己不夠「專業」（之前分享紅酒燉牛肉，其實我很緊張的），但沒有開始，怎麼會進步呢？用力推自己一把，直接推到舞台中間，然後就好好的經歷這一切吧。如果你把它想得太難，就無法享受這些過程了！

每次團購跟烘焙無關的，我也是會多想一下，但給自己這麼多限制幹嘛？做了就會學到什麼！即使做得不夠好，被討厭了都是一種學習。有時候這些看似無關的經驗，反而帶給你在本業有不一樣的思維。

我真的很謝謝大家對我的支持與喜愛，替我說話的朋友們，我深深的感動，也深深暗爽在心底 XDD。

我不會一輩子都不變，或許某天你們覺得，我不再是你們原本想像中的那個人。 但唯一不會變的，是我願意越來越了解自己，越來越喜歡自己，願意為自己而生活。也會繼續把這樣的幸福，分享給大家 :)

學做麵包是個人生縮影

做麵包很療癒，但有時候也會一直遇到挫折，特別是找不到原因的時候，會有深深的挫敗感。就在一次又一次的練習中，慢慢的進步。看似最失敗的作品，但你卻從中獲得非常寶貴的經驗。這樣的一切，如同人生的縮影啊！

對人生感到懷疑

幾年前我開始想做法棍（法國麵包），隨興找個食譜試做，但做出來非常扁塌，重複很多次都失敗。我一直納悶是為什麼，以為自己已經把食譜看到滾瓜爛熟。 過了好久才找到原因，原來我忽略了一個重要步驟，就是麵糰在最終發酵的時候，必須要有發酵布將麵糰兩側支撐好，這樣麵糰才可以順利往上長高，而不是像左右發展，變成扁塌的麵糰。

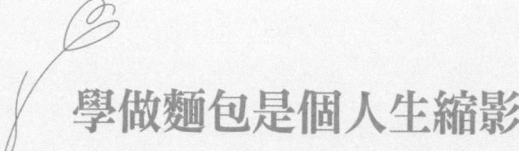

為了完美的裂痕、氣孔。我還上網找了店家買石板（法國麵包必備工具之一），為了製造蒸汽（可以讓表皮酥脆）也去跟人家要了小白石。結果石板太重了，把家用烤箱的內部壓歪了，製造蒸汽的時候我也差點燙傷。最傷心的是，我都這麼努力了，還是做失敗啦。

我不禁想……到底完成一個法棍是真有那麼重要嗎？有需要把自己搞得這麼累嗎？

我覺得人生也是這樣耶……一個執念，想要完成什麼。你試過了，拚死命去追求之後，好像也沒什麼成果。

會回過頭來反思……. 這樣的生活方式，到底是不是我想要的人生？

對自我感到懷疑

不是只有我這樣，我發現有些朋友麵包做的不滿意之後，檢討下次該如何改進時，有些人會帶著非常沮喪的口氣，讓我不只有感受到做麵包的挫敗，而是人生長久以來的挫敗，難過到覺得自己是個失敗的母親，無法為孩子做出好吃的麵包。

在法棍做了很多次失敗之後，覺得自己很糟糕，也把從小學習的挫敗感全都聯想在一起。心想著「我好像就一直是個……什麼事都沒辦法做得很好的人」、「成功總是離我這麼遠」。

意外滿滿的收穫

在練習的過程中，也有很多意外的收穫，像是為了要烤一條法棍，換過不同的烤箱。因為這樣了解並體驗到各種烤箱的差異：原來一款麵包，換個烤箱烤，就可以很不一樣。於是把以前自己喜歡的麵包，用這台新烤箱又烤了一次，感覺又重新活過來一樣，充滿動力。

想要做得更好，還跑到住家以外的縣市去上麵包課，看了不同的烘焙教室，不同的專業攪拌器，專業烤箱，認識很厲害的麵包師傅們。也聽到同學們為了做出好麵包，家裡也是滿滿的烘焙工具，大家彼此交流，讓我大開眼界！另外，我也佩服自己，可以為了一件事而執著努力，這些都是原本沒有想到的意外收穫。

沒成功就代表我沒毅力很失敗嗎？

或許太心急想要有好成果，卻不知道每件事情的學問都很大，才沒有這麼簡單可以輕鬆搞定，這些要時間去累積成就！做一次就失敗，不等於「我沒天份，只能這樣了」。應該是「該怎麼改進，下次我一定會更好」，任何作品都是不同階段的「成果」，並不是最終「結果」。我的確也在這漫長的烘焙學習中，鍛鍊了我的心志，希望愛做麵包，或者其他熱愛的事情的朋友，也可以一起享受這樣可貴的過程！學習做麵包，的的確確就是人生的縮影啊！

每個人都有機會活成自己想要的樣子

Part

04

我中年了，才懂的喜歡我自己

不要扮演受害者的角色

「我為這家庭無悔的付出，最後換來什麼？」

「為這家公司這樣賣命數十年，換來被公司背叛！」

「我把他當最要好的朋友，他竟然這樣對我！」

「他一定看我是菜鳥，才欺負我。」

以上這些想法，時不時都會跑進自己的腦袋裡面。我覺得很難免，畢竟社會就是有很多「不公平」的事情。想著想著，覺得滿腹委屈，撕心裂肺……滿滿的恨意。

仔細想想，或許「不公平的背後，總有些原因」。

就如同家裡有兩個孩子，怎麼做孩子都可能覺得不公平。相信父母也是很為難，如果孩子能站在父母的角度看，或許能多體諒幾分。一樣的事情，或許可以套用在不同角色情境裡面。換個角度看，不公平是否也沒那麼絕對了？

常被很多人掛在嘴邊的是：覺得自己「無怨無悔的付出」，但真的是這樣嗎？

我們的付出從來不是無悔的！不然怎麼會生怨恨呢？

工作就是為了換取金錢，提升自己的生活品質。試問誰可以一輩子無償的工作呢？為家庭付出，是份責任，但也渴望家人能夠肯定你的付出。

身為媽媽，難免不自覺就幫孩子做太多，看到孩子爽爽打電玩，自己忙進忙出。我當下真有那份一廂情願，想給他舒適生活，不要「打擾」他打電動，煮好飯再叫他。自以為對他超級禮遇，希望他懂得分寸，心懷感激。

但……根本是往自己臉上貼金，孩子永遠覺得你很煩，根本不可能知足。

即使再怎麼有愛的母親，也很難無所求的。很多人以為「只需要你一聲感謝」就是無所求。我真心覺得……這種抽象的要求，是可怕的勒索。一聲感謝，要用什麼態度？在什麼狀況下講給你聽才是有誠意？有時候連自己都說不出來自己想要什麼。永遠就會在這落差中感到失望，然後看著別人 Facebook 家庭美滿的照片，自己腦補別人歡笑聲不斷，對比自己過得很淒慘。（這種事我的內心都演過，才寫得出來）……承認吧！ 要做到無所求，真的很難的！

除非你剛好需要徹底發洩痛哭，不然沒必要把自己困在這種受害者的情境裡，這樣只會讓自己越陷越深，後來堅信自己永遠是個受害者而感到痛苦。

世界的運轉，一切不如你意的背後，都有些原因的。但原因我們可能看不見，或許那些會令你瞠目結舌。當你選擇用「怨恨」的角度去看待事情的時候……請你靜下來感受一下，埋怨的時候，身體是否有哪裡不舒服？是不是一顆心是揪著的，是悶悶的感受。那就代表這樣的想法，對我們（的身體）並不是好的，因為心正在受苦著。

我很不喜歡類似這樣的照樣照句——世界如此殘忍的對待我們，我們更需努力堅強。雖然你會因為這樣，得到想要往前的動力，但那份憎恨揪著你的心，即使最後如你所願的達到你所想要的，可能也很難真心快樂。**想到達某個目標，應該是心所嚮往，帶著愉悅的心往前，而不是為了跟世界對抗，或是為了要證明給誰看。**但我想一切沒有對錯，只是我想選擇開心的去經歷我的人生。

世上存在的那些不公平，是我們無法控制的。但我們可以選擇如何看待這些不公平，或許可以更勇敢去試著改變？而不是因為受害了，就退縮在角落埋怨但卻不願意改變。這樣做不是為了世界和平的偉大遠景，只是為了求自己心情平靜。世界都是內心的反射，世界美好或不好，都是我們的心可以決定的。停止扮演受害者角色，我們才能單純的為了自己，找到內心真正嚮往的事。

他們的好，不會顯得我不夠好

以前我很容易嫉妒別人的好，總想辦法要找出對方的缺點，心裡才可以獲得短暫的平衡。可能覺得自己很辛苦，憑什麼對方搶了我的風采？但漸漸的，藉由一些事，發現到原來我已經改變了。

前陣子《捍衛戰士：獨行俠》掀起好一陣子的熱潮，連我都帶著孩子去電影院看了兩次。

當片頭音樂一下，跟第一集主題曲一模一樣……媽呀……我的青春……我的眼淚一直流。36 年前，我還在念國小，Tom Cruise 當年還沒當爸，現在年紀已經可以當阿公了，時代的眼淚呀！

第一集的主角，意氣風發，講話就是個屁孩。第二集已經是個風度翩翩的成熟男性，但還是一樣喜歡挑戰，即便有教條在前方，都無法阻止他挑戰與突破。但也有著人生最痛，最揮之不去的陰影，是自責是愧疚，讓他痛苦掙扎著。

我看第一次之前，先把第一集複習了一遍。而第二集阿湯哥一出場之後，我看了依舊帥氣，但明顯的看到歲月的痕跡……哇……我的偶像也年老了，那我自己呢？ 難免覺得滿感慨的……我的青春，我的人生，這輩子已經走了一大半了。看著自己女兒已經跟我差不多高，總是跟電影裡面，有種世代交替的感覺。

Tom Cruise……戲裡戲外都好拚，讓大家可以享受這麼棒的電影，實在跨越世代，我們全家都非常喜歡，連小樂都說：「真的好好看，實在太緊張了」，我也很感謝阿湯哥，讓我們一家四口，可以滿心期待的一起去看電影，很久沒這樣了，好幸福啊！

這部電影的票房，不斷刷新他自己影史上的新紀錄。人生永遠都有不同的挑戰，即使阿湯哥已經站在至高點了，還不斷地超越，真心好佩服！

看完之後，我很激動地感受到，不管幾歲，都可以再創巔峰。

以前我總是好羨慕這樣一直再創佳績的人，也曾不斷比較誰的貼文讚數比我多，誰的點閱率比我好，又是誰的團購業績壓倒性的勝利。那些好成績，彷彿都在提醒著我，是個不夠好的人。每一次的比較，我都狠狠地批判自己。別人的好，竟成為我攻擊自己的最佳利器。所以我嫉妒，我必須找到對方的不好，才能證明「我也不會太差」。

但現在的我改變了，因為我知道成功的背後，是要付出多少的代價。就像阿湯哥曾經站上高峰，之後若要再度創造巔峰，不知道需要多少努力，經歷幾次高潮低潮，也不知未來是否有機會再突破，但還是得繼續努力。這樣的過程，真的是非常漫長非常辛苦的。漸漸的，我也沒那麼羨慕這樣的人生。有時候平淡的過下去，心臟不需要一天到晚 Stanby 要劇烈跳動，何嘗不是種享受？等我休息夠了，我想要拚的時候，再來努力就好。到底要什麼樣的成就，才證明自己沒有白活？根本沒有標準答案。那些別人茶餘飯後對你的評論「他好厲害」或是「我看他是不行了」，這些一點也不重要。

我慢慢可以不帶嫉妒的心情，去欣賞別人的成就，畢竟那是用生命換來的呀（讚嘆），他們值得這份喝采。換個角度看，我們也可以只付一張電影票的錢，輕鬆地坐著就陪他一起越過巔峰。他們的好，不會顯得我不夠好。**大家各自在自己的領域努力，每個人都有各自的美好，每個人都值得這樣的美好。**

年紀越大越不想迎合別人

年紀小的時候，好在意別人的看法。就怕自己跟別人不一樣，被人討厭。特別是在國小國中的時候，一旦被同學排擠，就覺得自己的世界被崩塌了。

漸漸長大了之後，同儕們也變得成熟。從表面直接排擠，變成表面會裝一下，私底下演另一套（我自己也會啦）。所以，還是會有被討厭的壓力。

以前當聽到朋友自在的且帶有批判的發表看法的時候，身為高敏感族群的我，擔心自己的想法跟別人不一樣而被討厭。所以會先壓抑自己的感受。久了……跟這樣的朋友，也沒辦法維持長久關係。因為我跟他們相處的時候，就是不自在，但我也沒勇氣明講：「我不喜歡你們這樣」，只能自己默默地遠離。

我原本是個比較沒有自信的人，總覺得自己的想法可能很奇怪，不太可能被認同。反而有種想去討好別人的傾向。但最近，我變了。

之前跟朋友閒聊我的工作近況，她怕我太忙，好意跟我說：「我們都 40 下半場了，工作不用放那麼重，悠閒生活比較重要。」

他的人生觀顯然跟我不同，我是個喜歡工作的查某人呀！如果是以前的我聽到這樣的話，會檢討自己太愛錢，覺得自己生活不應該這麼緊繃。但現在，我會很有底氣的回答：「我覺得每個人不一樣，工作對我來說就是很重要，而且是我熱愛的事情。我還沒 50，真的還是很年輕。我沒有想要『樂活』得過下去，我還很想衝。可以工作，對我來說反而是幸福啊！」

每個人的價值觀不一樣，沒有誰的一定比較好，勇敢表達自己的想法，做自己喜歡的事情，根本沒有什麼。（但我到 40 多歲才學會）現在若有朋友不斷找我抱怨，怎麼安撫也沒用。我不會像以前那樣，一直順著他的想法安慰他說：「你辛苦了」。以前總覺得自己有責任應該要幫助他，至少聽他發牢騷也好。但吸收這些負面情緒，並不是一件輕鬆愉快的事。有時候聽完，自己還會被影響，處在那不愉快的情緒裡。我曾自責自己不夠有耐心「不過聽個抱怨，又沒要你幹嘛，為什麼連這點耐心都沒有呢？」

但我就不是那個有耐心，也無法承載重複抱怨的人！那就不用逼自己消化，想辦法婉拒這些抱怨就好。我得接受這樣的自己，也尊重自己的感受。如果我不保護自己，怎能期待別人來保護我呢？

我不需要迎合任何人，來換取別人的認同。我就是跟你不一樣，但我一點也不奇怪。

你並不一定要非常用力，才可以做得很好

我有個毛病——老是覺得自己可以更好，然後不自覺的，一次比一次更用力的去完成事情。

累積一段時間之後，結果還是不夠滿意，心想⋯⋯怎麼一直追不上呢？難道就會永遠追不上嗎？

慢慢的身體累了心也累了。一種「見笑轉生氣」的心態浮出來「不想管了，直接放棄好了。」但我的放棄根本就是越來越不服氣，還一直想怎樣可以再試試看。我真是執著呀！

記得 5 年多前，在我心情很低潮的時候，我曾經找過心理諮商師聊聊。他發現，當我敘述自己辛苦的時候，特別容易掉淚。也講了自己曾為了加速進步，做了多少努力，但仍然進步得很慢。

諮商心理師說：「或許妳的經驗告訴妳，要成功就要非常用力、非常努力。但真的是這樣嗎？可以試著回想當年妳在銀行的時候，本來只是隨興寫下食譜，卻意外成為妳人生的轉折。或許妳可以試著相信，很多事情不需要很用力，妳也可以做得很好。」

這些話我到現在還記得很清楚，然而我覺得，「我這麼用力都做得不好了，怎麼可能輕鬆地做，還是可以做得好？」

最近找了另一個諮商師聊聊，我跟她說：「之前有人說『輕鬆做，也可以做得很好』，但我一直懷疑這句話。」

她跟我說：「對妳這種平常就把自己逼得很緊的人來說，妳根本做不到，反而有更強的反作用力。」我就不自覺得大笑……心想「哎呀……用力做事根本已經深植在基因裡了。」

我試著去想像輕鬆做的感覺，想了很久……或許就是盡力去做，但結果試著輕鬆看待。如果我能輕鬆地接受任何的結果，過程我就不會壓著自己一直要把每件事情都做得好？

如果這次做不好，我可以想：

不夠好，並不是一個簡單的標籤直接貼在別人身上——妳不好。
而是她還在努力中，而且養分已經一點一滴地累積了。

每個人都是「進行式」……過去，現在跟未來都會不一樣。如果今天連什麼都沒做，根本沒機會讓別人注意到，更沒機會被別人說「你不好」，我要佩服自己不斷嘗試的心！那什麼是結果呢？考試考幾分？第幾名？點閱率多少？

那數字只是反映成果的一小部分，無法反映妳每次努力過後的心理掙扎與成長，每次完成一個作品之後的心得。

我們長久以來被一翻兩瞪眼的結果來評斷自己的價值，如果不再被這樣的價值綁架，對於每一次的「結果」，我就可以更輕鬆的態度去面對，每次都用試試看的心態去做，取代「如果沒有達到××的目標，就代表我失敗。」

我想，真正的輕鬆，並不是隨便做。而是賦予結果更多樣化的意義，心開闊了，不執著，反而得到更多。

你有夠好命？

小時候還蠻常聽到長輩對著我們講這些：「你怎麼這麼浪費？我們小時候東西根本不夠吃，大家都用搶的。現在給你們吃還挑？實在有夠好命！」（還有很多照樣照句）

被指責的人，感覺是什麼？當然是超悶又超不爽，但又不能反駁。

時間過了許久，我成了孩子的媽。前陣子女兒會考之前，看她還漫不經心的，對於書愛念不念的，還想跟老師請假不上課。隱忍多日的我，終於抓狂了，跟她說：「我小時候，一直被比較，說我考試成績有多爛，我很討厭這種感覺。所以我一直盡可能不給妳壓力，但我看妳現在考試都要到了，還不認真，我都懷疑我這樣放任妳，到底對不對？」那天的我，臉部猙獰，全身肌肉緊繃，一邊講一邊哭……

只差沒說：「妳都不知道妳命有多好，還不知感恩珍惜。」

我冷靜下來之後……回想起剛剛女兒的反應。她面無表情，但有跟我說，她頭痛所以想要請假。

那個極度憤怒的瞬間，看著她沒有表情，憤怒溢滿我全身，並且痛恨她沒有跟我一起感同身受，恨不得把她拖下水，跟我一樣痛苦……. 天啊……那個瞬間，我應該像個惡魔吧？

我想了想，我說那些話背後的意思到底是什麼？

我們或許小時候都有些缺憾，可能是物質上缺乏，也可能是心靈上沒有被好好對待而受傷。變成父母之後，理所當然的，不想讓自己孩子經歷一樣的事情。盡可能地去付出去滿足他們。但看到孩子不但沒有感受到我們用心，還一副無所謂，甚至還以怨相對，心裡當然不平衡！

「你有夠好命」聽在孩子耳裡，如同我們童年聽到的時候一樣，是很不舒服的！又不是你在經歷我的人生，為什麼講得我人生很輕鬆一樣？在被責罵的當下，還要孩子滿懷感恩的跟你說謝謝嗎？

明明是你覺得缺憾，你拚命給孩子，到底是要彌補自己的遺憾，還是孩子真的需要？你的缺憾不等於孩子的需要啊！一廂情願給，還咒罵對方不知感恩。孩子如何心服口服呢？

還有，當你看到孩子「好命」的當下，好像有個被剝奪感，覺得我小時候沒有的，你竟然有了，還沒有感謝我。忍不住想酸他幾句，才會覺得爽快。

後來我覺得，這種話還是少講吧。傷害別人，也會被討厭。

先好好的安慰那個小時候受傷的自己，當時有些原因，讓我們受傷了。如果一昧的反覆問：「為什麼是我？」只會讓自己更痛苦。接受自己曾受過傷，它是我的一部分，即使再怎麼痛恨，但已經發生了。**即使沒人可以理解我們的傷痛，但我可以好好的疼惜自己，理解自己的辛苦，成為世界上最挺自己的人。**（這是個漫長的過程，是我的目標，我只在半路）

漸漸的，我們不會一直向外討愛。討不到時候，憤怒下又祭出情緒勒索這種爛手段。有些人上鉤了（情緒被勾動），你開心了，但對方卻心不甘情不願。有些人不上鉤，你就恨。如果你察覺了，那就從現在開始，停止這樣的循環吧！

你讓我很失望

「妳讓我很失望。」

聽到這句話的時候，好像自己有多糟糕一樣。不但事情做錯了，還辜負了愛我的人對我的期待。

在他口中，好像他的痛苦是我造成的一樣。第一時間，我還是會適時的檢討自己，但不該是我承擔的，我會懂得還給對方。

2 年前左右，我在直播時示範麵包，緊接著我就介紹當週的團購商品「吹風機」。當時有位朋友立馬留言說：「我看到妳介紹這個，我真心對妳感到失望」。我解說到一半時候看到這樣的留言，一時火氣有點大。很快的我口頭回覆他：「我已經做團購很久了喔！而且我還會繼續做下去。我們很商業化喔，因為我喜歡這樣。」

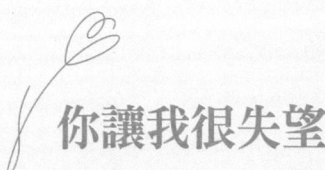

或許有些人第一時間看到這樣的留言，會覺得傷心，會懷疑自己做錯了什麼？然後檢討自己，粉絲專頁商業化好像很罪惡，懷疑自己是不是背離當初的初衷？

但我沒有傷心，我是不高興。因為我好奇：「你要為我的人生負責嗎？」「你了解我是什麼人嗎？」你憑什麼限制我的人生？（我大學的時候，主修是金融，所以對這些商業化的狀態，覺得是非常平常的事。）

如果真的做了不恰當的事，我會自己好好檢討。但如果只是嘗試不同領域的新事物，跟我原本的主軸不一樣，那有什麼問題？不同時間我會需要學習新的東西，但仍不改我對烘焙、對生命的熱愛。人一輩子蠻長的耶，怎麼可能只喜歡一件事呢？

感謝大家對我的支持，但我並無法滿足每個人對我的期待。我理解那樣的感覺，像是好幾個以為完美的偶像，愛妻、有才華、又謙虛、人又帥地呈現在大眾面前，我們就以為別人是完美般的存在，能跟他在一起的人，怎麼這麼幸運？彷彿平凡如我，永遠無法如此幸運。結果後來偶像竟然人設大崩壞。

不需要把自己對人生的缺憾，企圖想把完美人設，投射在別人身上。一旦破滅了，就說自己對人生感到失望。

我也曾經歷過羨慕與失望。但後來，已經能客觀一點看待每個人。當下他給了你什麼不錯的創作，或是很棒的資訊，我們能享受、能感謝，這樣就足夠了。至於對方到底是什麼人？他之後想做什麼？我們根本無權過問。

好久以前，我只分享食譜、分享生活，漸漸的我有了商業文，更多的團購文。我也曾說明我為什麼會有這樣的改變，仍有人留言：「妳不過就是自圓其說」。

是說我硬拗嗎？

管你勒～你要怎麼想，隨便你！我仍會做我喜歡做的事，努力賺錢。未來我還會繼續嘗試不同的事，可能更多的私人興趣，也可能有更多的商業合作。**對你有期待的人，再怎麼喜歡你，也不可能喜歡你一輩子，更不可能養你一輩子，活在他的期待下，有什麼意義呢？只為了偶爾得到他對你的讚美來肯定自己嗎？**

更何況，別人的期待也會改變，如果你一成不變，說不定有天對方也先厭倦了？所以，抓住自己的心，肯定自己，才是最重要的。

但必須說，大多數人很難這麼坦然面對「你讓我很失望」這句話。如果是關係一般的人這樣說我們，已經蠻有殺傷力了；若換成長輩或是師長，在我們年幼的時候對我們這樣說，是不是更加讓人自我否定呢？

這樣說話，會讓別人受傷。可能用發洩情緒的方式，讓你跟他一樣感受到失望的痛苦。好像把過錯推給別人，以為自己的人生會比較輕鬆嗎？我想會常這麼說話的人，是不是也不容易快樂？因為世上有太多他無法掌控的事，很可能會讓他一直不斷地去經歷失望的感受。

如果有人曾這樣跟你說，我們適當的檢討自己，但不用太過自責。只有我們可以對自己的人生負責。做你覺得對的事，過自己喜愛的人生。

我曾那麼討厭我自己

是否有人跟我一樣，覺得自己缺點很多，沒有一個好的特質可以脫穎而出，得不到「所有人」的肯定，大多時間，心是非常的黯然。看似很有自信又活潑愛講話的我，卻有著高敏感的特質。自信彷彿是我一生最重要的功課。不管多少人告訴我「妳已經很棒了」，我始終覺得，對方是安慰我，不是真心覺得我很好。

外界的掌聲，猶如吃一次就讓人上癮的特效藥，瞬間大幅提升了自我價值感。但若沒有了它，就一刻都無法相信自己。

然而真正的自信，
並不是拚了命的去贏得所有人的肯定。

真正的自信，是即使發現自己不滿意的地方，仍願意更近一步認識自己，然後理解自己，並且溫柔地說：「你盡力了，辛苦了，我們抱一下！」

我小時候跟多數人一樣，被要求在校要有優異的成績。然而在國小、國中不管我多努力，仍舊無法達到父母親心中的標準。我對自己感到失望，也討厭自己讓父母失望，於是用叛逆來武裝自己的自卑。直到高中，在後段班的我，非常努力的練習之後，終於經歷了人生第一次的「第一名」。這宛如我生命的浮木，如果我失去它，將再度回到那個「沒有用的我」。所以我拚死拚命的，維持在第一名，最終也考上了政治大學商學院。

我的自信就此大增了嗎？其實並沒有！

之後的求學路上，開始比較順遂。我念了同校的研究所，也開始工作。一開始在職場上也受到很多長官貴人幫忙，升遷很快，讓我錯以為未來的路，只要我願意努力，一定可以人定勝天。然而生了孩子之後，兩胎都讓我陷入憂鬱，連我一直引以為傲的工作，也快速走下坡。

我懷疑自己所有一切：我是個不願意為孩子放棄一切，不夠格的媽媽。我是個盡了全力，工作表現還是很普通的人。我是個一天到晚覺得自己很糟，連帶影響其他人也不開心的人。我把從小到大念書念得很辛苦也是表現很平庸、想要當明星，但卻屢屢受挫……所有失敗的經驗全部都連在一起……。然後，狠狠地否定了自己。我常以為，在別人眼中的我，就是一個乏善可陳的女性，然後每晚到了 10 點多，孩子睡了就會對著滔哥，一邊說一邊哭，我好討厭我自己……。

生命轉折

在朋友推薦之下，我參加了「Henna」課程，一邊讓老師在我身上畫畫，一邊療癒心靈。當 Henna 老師走向我的時候，一下筆就對我說：「妳是一個敏感的人喔！妳看我一下筆，就有好多的天線，這些天線代表妳滿滿的與上天的連結。」

這句話講到我的痛點——敏感。我跟她說：「可是，我真的好討厭我這麼敏感，我每天都無法控制的想好多事情，我好累，而且還要連累身旁朋友與家人也跟著我一起難過，可不可以告訴我，該如何停止這一切痛苦的循環。」

老師溫暖的對我說：「但是敏感是妳的天賦耶！這是上天給妳珍貴的禮物，妳可以想看看要怎麼善用它。」

她繼續畫著圖，跟我說：「我可以感覺妳願意接受妳的天賦，生命也會開始慢慢有所改變。」我還是一直哭，還停留在漫長的低潮中。但在心中，已經種下一個願意改變的種子。

那天晚上我一個人搭著捷運回家，開始回想自己曾細心的安慰著自己的朋友、曾經鼓勵著某些人……如果不是因為我很敏感，我又怎能主動察覺他們有心事？然後陪伴呢？對某些人來說，我算是個溫暖的朋友吧！我開始不那麼討厭「敏感」了。

之後每當我討厭我自己的時候，我開始懂得用另一個角度看自己。

討厭自己藏不住心事，很不沉穩。

但也因為藏不住，我才能從朋友那邊獲得更多的幫助。

討厭自己脾氣差。

脾氣差才不容易被欺負啊！

討厭自己個性急躁。

這樣做事才明快呀！

漸漸的……我懂得欣賞我自己了。原本以為萬劫不復的低潮背後，竟是人生中無比珍貴的禮物，連帶的撫慰童年時候，那個沒有自信的自己。

感謝自己勇敢當個母親，感謝兩胎之後的低潮，讓我有機會重新認識我自己，原來我是如此珍貴（擁抱自己一下）。**真正的自信，不是來自於外在的肯定。而是來自於對自己的理解與認可。只有打從心裡喜歡自己，那份自信將滋養你的心，讓你越來越強大**。如果沒有這個珍貴的過程，我可能就沒有足夠的勇氣，去追求我的夢想了。

把紊亂的思緒寫下來

我最近頗受某些事而感到困擾，弄得我心情極度煩躁，一邊鞭策自己順從，但心裡面又是萬般不願意。

我也問過好多朋友，掛心的事情該怎麼解決？但你知道的，人與人之間的問題，絕對比處理一般事情更複雜。

朋友曾經跟我說：「妳可能需要靜下來，聽聽妳自己的心告訴妳什麼」。但到底什麼方法，可以更靠近自己的心呢？大多的人都會說「靜坐」啊。 但我就是靜不下來怎麼辦？

自從寫部落格以來，已經有 12 年多的時間。從寫簡單食譜、瘦身日誌寫到現在有辣媽語錄。幾乎每天都在練習把心情寫出來，自然的思緒也比較流暢。但即使這樣，也會有想不開，打結的時候。

這週的某天，孩子跟滔哥都睡了，我才去洗澡。洗澡的時候，腦袋裡面一堆阿雜複雜的思緒，逼得我好煩喔。實在不想這麼煩躁，我需要把它們丟掉、我決定把它們都寫下來。

洗完澡之後，我感受到自己牢騷已經如幾萬噸垃圾。如果用手寫的話，那樣的龜速鐵定無法順暢的發洩，因此我決定要用打字的。果然劈里啪啦，沒幾分鐘就可打一堆罵人的話（千萬不要思考，想說什麼就打什麼，純粹發洩就對了）。

我一邊打字的時候，彷彿有另一個人（我心裡面另一個聲音，以下簡稱「那個我」）正在看著我生氣。看著那些我打出來的文字，「那個我」說：「喔喔喔……好負面喔，驚死人」。 但我完全不管「那個我」說什麼，我繼續讓自己發洩，狂打字狂罵。但一邊打字，「那個我」又說：「妳好像沒有像妳文字敘述得那樣生氣耶……」。

再繼續沒幾分鐘……我的思緒在瞬間突然清楚了——我討厭他，不是我的錯，不要再怪我自己。

「我要更坦蕩地拒絕那些我討厭的事，不要畏懼！我沒有想傷害誰，我只想保護我自己而已。」

「如果他因為我的拒絕，覺得被傷害了，那不是我的責任，是他自己玻璃心，碎片自己撿！」

此時，我心裡面如一陣狂風吹過。夭壽……氣場好強誒，強到嚇到自己。

原來，我的心這麼堅定想要這樣做，但我卻被愧疚感一直壓抑著，我才會深受痛苦。突然有種通體舒暢的感覺，很清楚自己想要什麼，也堅定了某些事。此刻覺得好開心好安心。接著，我就把筆電蓋下來，帶著滿足的心去睡覺了。

如果有件事情一直掛心，不自覺在腦袋裡一直反覆做沙盤推演，上演一堆小劇場讓你睡不著。這時候，一定要把你煩心的事情寫下來。很神奇的是，每寫下一件，就會放下一件。再多寫一些，你自己也會意識到，那些煩惱其實大多是不存在的，寫著寫著亂亂思緒就放下了，寫著寫著腦袋也清晰了。就知道自己該怎麼辦，心情也安穩了。

這也是我一路寫下「辣媽語錄」的心得，一邊寫一邊整理自己的思緒。回過頭去看以前寫下的筆記，發現有些煩惱或是牢騷都很類似，多看幾次，自己會找到適合自己的解答。點滴累積下來，轉眼間辣媽語錄也寫了 3 ～ 4 年了，這段期間我成長了很多。好感謝自己這樣的堅持，也跟大家有很多的交流，我會繼續寫下去的！

拒絕別人的勇氣

你們會不會跟我一樣？為了該不該拒絕這件事情，可以煩很多天。有時候真的好累了，但又覺得別人是不是需要幫忙？有時候很討厭對方，但又怕拒絕之後得罪他？該不該拒絕啊？怎麼拒絕啊？好煩啊！

一起來剖析一下自己腦袋裡面的思路吧！

拒絕別人本來就不簡單

別覺得自己沒用，拒絕別人本來就很難！就因為我們更想顧全大局，才會覺得這麼難啊！但顧全大局，也要有「本錢」。我們得先衡量一下自己的意願還有能耐呀！

1.「怕別人傷心。」

好朋友有時候需要幫忙，但自己時間真的有限，而且還有些有的沒的考量，就是很難爽快的答應對方。只是他會不會沒人可以幫忙？拒絕他，我會安心嗎？

2.「怕得罪別人。」

有時候同事一起合作，大家在分工的時候，老闆一直把東西給我，我可以直接講我不要再接了嗎？講了，老闆是不是會討厭我？從此就黑到比黑炭還要黑？

3.「造成別人麻煩。」

某天自己身體不舒服，生病了，本來答應別人可以幫忙的，後來臨時推掉。哎～這樣害人家還要臨時安排其他人幫忙，真的很不好意思。

4.「怕顯得自己很不行。」

這個好像比較不是女人的困擾，男人比較適用。

隨便舉例，就有很多難處，看吧！拒絕別人就有這麼多的麻煩事，所以我們才會一直說好，因為說「好」相對比較輕鬆？看似弔詭，但似乎有幾分真實！

我們也來想想「拒絕別人的必要性」吧！

1.「不會浪費別人時間。」

有時候委婉，態度曖昧不見得是好事。講話太模糊，會讓人聽不懂，讓別人一直以為還有得到你幫忙的機會。（所以拒絕才不會耽誤對方青春）。

一直以來，會有朋友私底下問我「某某工具是否好用？」一開始我會把事情扛下來，回答對方：「改天我幫你問看看」。但偏偏自己很忙，一下子就忘了，過了幾天人家再度來問我，我還是沒辦法幫他解決，只好說抱歉，請他問問別人。現在如果我沒時間，我就會比較直接請他找別人幫忙，希望可以節省他等待的時間。

我想，拒絕別人的同時，或許可以建議他往哪個方向找答案，例如「你可以到社團問大家」或者「你可以找某某某」，間接幫忙也是種幫忙，可以減輕些罪惡感。但，如果真的都不知道，直接說吧！

2.「不會為難自己」

心太軟，就會一直把更多事情扛下來，扛到受不了，到後來累到忍痛拒絕別人，但心裡一點都不好受。

如果真的抽不出身，如果真的無能為力，就試著說不吧。因為我們已經步入中年，有孩子、有自己生活要照顧，雙手一攤，我真的沒多少能耐啊！

3.「讓對方學習尊重別人」

大多數人，都是不得已才麻煩別人。但有些人的確會少了條神經，或太習慣依賴別人，適當的跟他說，讓他學會尊重別人，這對他來說是好事！

而媽媽最無法抗拒的，就是拒絕孩子的要求，我們為他們想，他們還真的「軟土深掘」，有時候太過分，真的還是要教訓一下，不能讓他們繼續白目下去。

拒絕別人的話，擔心變成黑炭？

會常常擔心變黑炭的人，往往都不是最黑的那個，因為我們有這麼強烈的警戒心，應該都是讓到不能讓才拒絕的不是嗎？

「擔心別人難過？」

其實，我們也要學著尊重自己的感受。

「覺得造成別人麻煩？」

我們沒有那麼重要，別人也沒那麼不知應變，會有其他人幫忙的！

給自己勇氣拒絕！這些本來就應該要學習，或許拒絕不當而得罪人，就當這些是無可避免的過程。我們沒那麼糟，偶爾事情處理得不夠周詳，還是可以混得下去的！

像孩子學走路一樣，看看他們一下就忘了上次跌倒的傷疤，然後反覆地站起來想要往前衝，反反覆覆直到有天走得很穩，跑得可以跟飛的一樣，他就長大了。

最後，希望我們也可以更體恤那些拒絕我們的人，或許不是我們想的無情或沒同理心。他們跟我們一樣，也曾掙扎過，他們一定有自己的難處，才會拒絕別人。 當你體恤別人，莫名的也減低了自己的罪惡感了。

明明是個爛人，卻過得比我好？

有沒有發現自己重複會憤怒的批評著某些人？明明很討厭他，還是會繼續透過 Facebook 或是朋友口中，「偷窺」他在幹嘛，然後繼續在心裡罵：「你不覺得他很誇張嗎？」。

其實，那情緒不是單純的討厭，通常是夾雜著嫉妒。可能嫉妒他某方面比你好，也可能嫉妒他，明明是個爛人，卻過得比我好？然後對自己一下自責，一下疼惜的矛盾情緒。

我自己就常會這樣，但現在漸漸地能「解套」了。會好奇我為什麼有這樣的轉變嗎？

從金融業離職 9 年多的時間，看了很多網紅的起起落落，為什麼別人的貼文可以上萬個讚？為什麼我總是平平穩穩的？很多人覺得這種事很虛，不需要被討論。但我離職的目的，就是想「成名」，怎麼可能不介意呢？

最近我終於看清楚我自己了。我一直任性的，想用「自己喜歡的方式」快速成名。 但事實上是，要快速成名的方法，不見得是我喜歡的。更正確的說法是，那些方法往往是我排斥的。

1. 可能要刻意挑起具爭議的話題

這好多人愛看，包括我。但這方法我非常不喜歡，我不喜歡看到尖銳的文字，更別說要我自己寫出來。我是個高敏感族群，無法肆無忌憚的，把自己放在完全沒有屏障的位置，任人攻擊。

2. 可能得花非常多的時間力氣，去成就一支影片或是一個作品

我也常看一些拍攝很用心的 YouTube 影片，感到讚嘆的同時，也理解那需要付出多少心力。但我偏偏是把賺錢的事情擺第一，有空擋才拍片的人。要達到那樣的境界，難度很高。

以上只是舉例，並不是全部的原因。但人就是這麼有趣，當你看到別人正身處聚光燈下的時候。心裡難免升起不平之心，一來嫉妒別人的人氣高，二來又不認同別人的方式，就這兩種感覺拉扯著。

一副很想飆速往前，又一直煞車的態度，嫉妒著隔壁賽道的人往前奔馳一樣。然後不自覺地重複差不多的情緒模式好多年耶，只是嫉妒的對象一直在換而已。

我現在接受了自己的堅持，也認同自己照著喜歡的步調，速度快慢已經不是最重要的了。

很棒的是，當我看清楚自己是這樣的思考模式之後，下次再遇到類似的事情時，發現自己比較沒那麼生氣了。至於別人如何奔馳，我仍會關注，但已經不那麼夾雜著自責與嫉妒了。

遇到自己情緒高昂的時候，請不要有罪惡感。無需壓抑，畢竟那只是心中的想法。嫉妒別人很正常，相信自己不會因為嫉妒就隨便傷害別人。然後面對自己的嫉妒，去看看背後的為什麼？因為情緒背後隱藏著很多內心的真相。這樣才是真正包容自己、喜歡自己的作法，也才有辦法一直超越原本的自己，獲得真正的內在平和。

直接說出自己的不滿，有多難？

「直接說出自己的不滿，有多難？」其實真的蠻難的，相信大多數的人是做不到的。 以前的我，根本不可能直接講出感受，而現在已經可以看狀況表達。

看到一些我不認同的留言，以前我大多會客氣回覆，或是忽略，但會內傷。累積久了……漸漸也不想忍了。

我脾氣本來就不好，而且也覺得這樣的自己「很不好」，所以會想把它隱藏起來。 但越隱藏，反作用力越大，越是內傷。

你們或許也有這樣的經驗……在一個有點熟又不是很熟的 Line 群組裡面，持續地看到一些，你看不慣的言論，特別是選舉的時候，或者重大政策大家意見分歧，或者是不同宗教的看法。三觀不合，半句話都嫌多。有時候言論實在太偏激離譜，想要凸回去。但瞬間紊亂的複雜思緒同時湧入，決定算了，不要多惹事，忍下來好了。

到底是哪些紊亂的思緒呢？

懷疑是自己脾氣不好嗎？還是我邏輯有問題？不對！是對方太誇張！但我要吐槽也得合情合理，甚至可以來個高級酸，不然我不就跟他同「等級」嗎？再來，我只要回覆個什麼，我是不是被貼上跟他對立顏色的標籤？也或許，我這樣一兩句寫出去，就跟對方就正式決裂呢？如果對方不爽，又繼續嗆我，是不是又要繼續戰下去？

啊啊啊……腦袋不堪這些大量運算，直接算了！不回了。但那股氣悶著，會悶很久誒，也會在心裡反覆拿出來生氣很多次。

我有幾次退別人群組的經驗，就是因為看了某些言論超不順眼，倚老賣老還拿一些來路不明網路新聞來說嘴。老娘忍了幾個月，就等你下一次貼文的時候秒退給你看。退完之後真的神清氣爽，以後再也不需要看那些，讓我懷疑人生的資訊了。

不表達，是需要付出代價的

如果一直不講，有些人會得寸進尺。你不直說，他們以為你無所謂，或許還覺得自己都對。有時候他們不是有意傷害你，他們是無意識的，以為自己講這些又沒什麼。但如果我們不舒服，我覺得有必要直接告訴對方！忍耐真的太傷身了。

而，表達不滿，也是要付出代價！

不管是被討厭、被攻擊、可能因此傷害別人，都沒有一樣是我想要的，但，要繼續忍耐嗎？

適當的表達不滿本來就要練習（不是為了傷害對方，而是為了保護自己。類似「你這麼說，讓我感覺不是很好」），但在練習的過程，就難免……會讓對方不舒服。 但不管怎麼練習，你是你；他是他。即使在腦袋反覆想著，應該怎樣可以更委婉，但你永遠不知道對方喜歡聽什麼，因為你不是他啊！所以，傷害是難以避免的！不想要繼續承擔這些委屈，這些是無可避免的代價。要相信自己，有能力承擔這些。

如果對方緊抓著你對他的反擊，對你情緒勒索？你要堅定的相信自己是怎樣的為人，有些人的確習慣把過錯往別人身上推──我的傷害是你造成的。那些太過誇張的指責，我們在釐清之後，要學著放下。

我們沒能耐無限承擔別人的情緒，就別想去承擔。相對的……我們也試著不要把別人的話看太重，一直往心裡去。對方不需要為我們的情緒負責。所以，不需要期待別人的理解，我們最需要的，是自己對自己的理解。

那些想往我身上貼標籤的……就去貼吧！我有我熱愛的事情，我有我的優點，那些不耐煩、脾氣不好也都是我的一部分，但並不會抹煞我是一個努力的人。我優點那麼多，你偏偏愛看我的缺點而討厭我，這不是我的錯，是我跟你之間沒有緣分。

直接說出自己的不滿，有多難？

一切看你的內在是否夠強大？相信自己是個好人，也要認清自己能力有限，沒有能耐照顧所有人的感受。為了自己，做個有肩膀的人，概括承受自己的所有好與壞。這樣在說出心裡的真心話時，就會更無畏懼，也會讓自己活得更自在。

痛不欲生的腸絞痛原因竟然是？

我曾有好長一段時間，飽受劇烈的腸絞痛困擾。一旦發作，至少有1～2個小時都沒辦法做任何事，只能痛不欲生的躺在床上，或是直接在廁所裡面，一邊冒冷汗，一邊等待一陣一陣的劇痛結束。也曾經有2次痛到直接失去意識昏倒。我問了好幾個腸胃科醫生，他們覺得這是偶發狀況，而且從我高中時代就有這樣的經驗，判斷說沒有大礙。

之前在銀行離職之前，發生的頻率有變得比較密集，離職之後有好一些。但開始教烘焙課之後大概一陣子，又開始了。之後課也沒教了，頻率又減低了，直到2020年疫情發生之後，工作量大增，腸絞痛頻率又提高了。

有時候是 1 個月 1 ～ 2 次，每痛一次，幾乎是生死交關，讓我瀕臨休克，不禁感慨……這樣活著真的是太辛苦了。但因為醫生找不出原因，那我到底該怎麼辦呢？

沒想到沒多久之後，我去請益紫嚴導師的時候（導師是個知名暢銷作家），在我沒有提到身體的狀況下，導師直接跟我說：「妳腸胃常這邊怪怪的，總是不太舒服，去找醫生又問不出原因，這跟自律神經有關，建議去找身心科喔！」我一直覺得工作的事情比較困擾我，就沒有把這個忠告太放在心上。然而隨著腸絞痛頻率增加，已經到我崩潰邊緣。原本抗拒去看身心科的我，還是決定去看了。

看了兩間診所，經驗都不太好，一家開的藥，副作用讓我無法忍受。我換了第二間評價還不錯的診所，才吃了一次的藥，隔天早上累到無法起床，蹲下去就站不起來，而且整天心情沮喪，莫名的想大哭，連直播都呈現恍神狀態。醫生說，不適合就得一直換藥。因為這些治療已經嚴重影響到我的日常。而我除了腸絞痛之外，其他並沒有太嚴重的問題，於是，我決定放棄這樣的方式。

之後在朋友的建議之下，我決定去試試看「諮商心理師」。（之前聽有看過精神科的朋友說，身心科最好要搭配「諮商心理師」，身心科給藥是治標，跟心理師聊，解決心病才是治本。）

迎戰心魔

跟這位心理師聊的過程中，她要我回想，腸絞痛最常發生的時候，是在怎樣的情況下？我說「我教烘焙課的時候」。

她要我回想在教學麵包課程的過程中，到底發生什麼事？（諮詢前，她再三確認我有看過腸胃科醫生，並且做過檢查沒有問題之後，她才願意跟我面談。）

我說：「我把麵包的成敗扛在自己身上，麵包烤得不好，我會覺得是我經驗不夠，並且擔心學生會怎麼看我？」「當同學問我問題，我擔心自己沒有回答好，我也擔心我冷落了誰。下課後我還在想著，我應該怎麼補救，才可以不讓同學失望？」

心理師直接點出：「妳非常在意別人感受，但，妳要知道，妳不是別人，他們個性，想法跟妳不一樣，他們在想什麼，妳不會知道的。」

這些話讓我霎那間連結了自己幾十年的生活經驗，在我幾次跟朋友爭執的過程中，當對方講出她討厭我哪一點的時候，都是讓我感到出乎意料，幾乎不是自己猜得到的原因。而我常常擔心誰對我失望？誰討厭我？……那些耗費我多少思緒與體力，也沒幾次有猜中。感覺在大海撈了 1 年的針，可能才撈到 1 根那樣。如此極低的「報酬率」，我竟然到現在才察覺！

她接著說：「妳可以體貼別人，但現在妳的腸胃在替妳承受這些，身體受不了了。」「下次開始揣測別人在想什麼的時候，想像拿出一把剪刀，試著把這思緒剪斷。」

之後透過簡單的引導，讓我可以專注的感受自己的身體，並且跟我自己的身體說，謝謝你替我承受這些，以後當我徬徨的時候，我會努力的去找外界幫忙，不會再自己扛下這些。下次肚子開始痛起來，可以輕拍自己的手，跟自己說：「辛苦了……沒關係！等一下就會好起來。」

回來之後，我大概還痛了 2 次，但程度已經比之前好很多。當我腸子開始絞痛之前，我就開始跟自己腸胃說：「請等我一下，我還在外面，我會快點回家，再等我一下！」身體就 Hold 得住，讓我回家再放心地躺在床上。開始發作的時候，我練習著說那些話，讓自己安心不害怕。

很神奇的事，我腸絞痛的狀況改善了很多，而且是越來越好。已經快半年沒有發作了，而且本來有來回腸躁症的狀況，也改善了。以前伴隨生理期，一定會痛到冒冷汗拉肚子的狀況，也 3 ～ 4 個月沒有發作了。只有偶然的腸胃炎，才會很痛。現在每次生理期大多都可以順利度過，我都覺得人生怎麼可能如此美好。

之後，我已經不再隨便猜測別人感受，等到對方跟我講的時候，再想辦法解決就好。因此，我多了更多能量可以去處理更重要的事情。這真的無比珍貴！

希望大家有困擾的時候，試著去找出問題，試著解決，雖然不見得一次就找得到原因，但最終會越來越靠近問題的中心！真心感謝有這樣的機緣，再也不用密集的承受那痛不欲生的腸絞痛，感謝紫嚴導師，點出我的問題，讓我開始解決這件事。我感謝我的諮商心理師「錢仁琳」，循著我的思緒找到問題的癥結，並給我練習的方法。我更感謝自己的勇敢，勇於面對自己人生的課題。人生所有美好的際遇，成就更美好的自己。

活在框架裡的人生

很多人會說：

30 歲就「應該」要結婚（干你屁事）。

結了婚就「應該」要有小孩（干你屁事一萬次）。

公眾人物就「應該」要承受所有批評。

男人就「應該」要有出息！

女人「應該」要溫柔（溫你媽勒）。

從小我們就被很多框框束縛著（因為社會都這樣告訴你啊），年紀到了就應該要做什麼，但又說不出為什麼「應該」要這樣。你問他們，他們只會回答「本來就應該這樣啊，哪有為什麼？」代表他根本沒有想過這件事，只是一昧的聽別人說而已。

我們也被很多「道德觀」綁架。老師就應該要「善良仁慈，不能口出惡言」。媽媽就應該要「將孩子照顧得無微不至，不然就是失敗的媽媽」。問題是這些道德觀的範圍很寬耶！從最左邊到最右邊，說不定都可以地球繞一個圈再回來。你用道德最右邊的標準，批評站在你左邊的人。有時候好笑的是，自己在道德界線邊緣，但卻用最嚴謹的方式檢討別人。但我覺得，不管選擇站在哪邊，只要沒有傷害到別人，認真生活，憑什麼要被你批評啊？

面對這樣的框架，可能有以下這三種不同態度的人：

1. 活在框架裡面，卻完全沒有自覺的人

或許他們這一輩子努力，是為了達到「應該」的標準。小時候盡可能扮演好學生，之後努力到好公司工作，年紀到了就結婚、買房子、生小孩。但可能不知道自己是否真正想要這些？只覺得人就應該要這樣生活。我覺得這樣努力的生活也很好。只是當他們錯失任何一個「應該要達到的目標」的時候，可能就覺得自己是人生失敗組而感到痛苦，可能會想著為什麼別人都可以，而我沒有呢？

比較無奈的是，有些人自己深受框架的苦，但同時也用這樣的標準在框架別人，說「沒考到好學校，人生就毀了一半」。「沒結婚？

你是沒人要嗎？」「沒小孩喔？這樣怎麼可以？」「 孩子沒什麼成就，就是父母最大的失敗？」……還有很多舉不完的例子……。

2. 完全沒在理會世俗的框架的人

不管別人說什麼，他還是能專注自己想要的。在世俗眼光裡，可能被認為他們很奇怪，但他可以活得很自在瀟灑。這樣好像滿令人羨慕的齁！滔哥就是這樣啊！

3. 討厭所有的框架，試圖掙脫，但內心卻仍被這些框架深深綁架著

我就是不想結婚！但卻覺得對不起自己的父母。我不想生小孩，但這樣「對得起」雙方長輩嗎？讓他們失望是我的錯嗎？

媽媽我想要出去喘口氣，幾個小時都好，這樣就是個自私的媽媽嗎？（還有更多可以照樣照句的……）這樣內心的拉扯真的滿辛苦的，我完全可以體會，總是徘徊在想要做自己，但卻仍有深深罪惡感之中。

不知道你們是屬於哪一種呢？我比較像是最後一種。想要做自己，但總覺得對不起別人。該怎麼辦呢？

最近有個體悟，我們畢竟在這些框架裡面長大，想要慢慢從框架解脫，本來就是一個漫漫長路。當你被框架限制而覺得無奈、沮喪的時候，試著安慰自己「我已經察覺到這樣的矛盾，也感受到自己正辛苦的經歷著。我會越來越相信自己，願意把自己的感受放在第一位，選擇自己真正想要的人生，只為自己負責。**那些別人給你的框架，就丟還給他們吧！那是他們的期待，而我不需要為他們的期待負責。」**

這真的需要反覆的練習，時間久了，就更可以活出自己想要的樣子。可能不會很快到來，但是最終會讓我們看到的，我們一起加油！

這輩子的必修課

心情不好的時候，總會找要好的朋友訴苦。後來發現自己心煩的事情，似乎重複不斷發生。我們都曾經努力想改變什麼，但卻一直失敗，深陷在某種的困境中。像是為什麼我很容易憂鬱（一直很難接受自己）？為什麼我跟某個人總是無法相處（特別跟親密的人）？難過的是，我竟然無法忽略這樣的感受與事實，我在意得要命。類似這種令人心煩的事情，我們就猜想……「這可能就是我這輩子的必修課吧？」

曾聽說過「這輩子的功課沒修好，下輩子得要重修喔」。這句話對我來說好像是魔咒一樣，會促使我鞭策自己，必須不斷努力的把這個功課修好，因為我好怕下輩子還要再重來，實在太可怕了！

只是不禁懷疑，這樣的說法到底對不對？真的有下輩子嗎？為了未知的下輩子，我這輩子就要無止盡的折磨自己嗎？如果沒有下輩子，這輩子努力這麼多，不是很心酸嗎？ XDDD

如果這說法是成立的，那到底「修好功課」的定義是什麼？可能是人與人之間的關係？也可能跟自己的關係？

就拿夫妻關係來說吧，結了婚，如果沒有白頭偕老，難道就是沒有修好功課，下輩子還要繼續結婚受苦嗎？

如果跟另一半已經爭吵到幾乎決裂了，甚至跟他相處都是痛的苦。而我已經努力改變過了，試圖挽回了，但終究發現真的沒有辦法，難道這樣還是算我不夠努力嗎？

試著接受這段關係是無法修復的。有些誤會是無可避免的，修復關係不是唯一選項！ 這樣想，心情就可以輕鬆好多！

決定自己想修什麼功課

這輩子困擾我的事情好多好多，誰能告訴我，哪個才是我的必修課呢？哪個最重要呢？沒有人能告訴你標準答案，因為沒有標準答案。唯有聆聽自己的聲音，你就可以知道自己該做什麼！

你會反覆很在意的事情，甚至在意到會讓你很痛苦的，我猜那這件事情就是你的必修課吧！那些你不在意的，即使那段關係再糟糕，你還是無關痛癢的事情，當然就不是人生功課了。

困擾你的事，就持續地面對它們，用盡各種策略，然後試圖解決。無論是努力改進自己，或是漸漸有辦法忽略，或是全部放下都是可以的。只要你有自信且堅定的相信「我已經盡最大努力」，並且承擔你所選的。直到某天你對那件事不會那麼在意了，你就完成你寶貴的必修課了！

當別人踩到你的痛處

在 2013 年的時候，那時候我還在銀行工作，但也同時在部落格與粉絲專頁跟大家分享怎麼做麵包。

某天，我買了一本日本作者撰寫的食譜，看著作者怎麼包餡，我覺得很特別。於是下次做麵包的時候，就模仿作者那樣包餡。之後分享在我自己的部落格與粉絲專頁（當時做的是個蔥花肉鬆麵包）。沒多久，下方就有一個留言「如果有麵包師傅看到妳這樣包餡，一定會笑死！」。

當下猶如被重物用力的往我頭上敲，一時恍神……哎！我還蠻難過的。我從 2009 年開始寫部落格的時候，一邊看著網路上前輩的貼文，自己一邊試做，一邊修改成自己比較喜歡的麵包。我就是個素人，當年我從來沒有上過一堂麵包課程，心中一直有個缺憾，也覺得自己有很多的不足。

而我本來就是個自卑感比較重的人，看到這樣留言之後，好像更加深那個內心一直在質疑自己的聲音——我就說，妳就真的很不怎樣！

但，我還是認真的回覆他，大概是這樣：「謝謝您的建議，我也是在學習中的人，如果您有更好的建議，也很歡迎跟我說。」

聽到這樣的話，或許第一時間你想要反擊「你又有多會？」，但我會生氣難過，是因為被踩到痛處了。我並不喜歡一直逃避自己的痛處，但也不會用盡全身的力氣，想辦法證明給別人看「我比你好」。或許那件事也沒多重要，只為了爭一口氣，這樣不是浪費自己的生命嗎？（除非這口氣對你來說，非常的重要）

如果他的「指控」根本不是事實，你是不會有情緒的！（像是有人說「妳不是女生」，我只會覺得他是神經蕭笑。）

倒不如仔細想想，為什麼這麼介意？是覺得自己有努力的空間？還是他說中你對自己的質疑？

我願意承認自己的不足，我看到自己渴望進步，也看到自己很努力的學習。**我不想因為被踩得很痛，就停止進步。我希望被踩著痛處的時候，仍有勇氣去正視自己的脆弱，然後勇敢的跨出去，成為更好的自己。**

是啊！我不是個麵包師傅，也不是專業人士，但我對麵包很有熱忱，也樂於分享，雖然我的文章沒辦法達到職人的標準，也可能被很多人質疑（兩手一攤……我就爛，幽默自己一下）。但從以前到現在，我仍累積了很多做麵包的經驗與知識。因為我仍熱愛做麵包，我會願意繼續學習，即使現在的自己不夠好，但未來的我一定會更好。而我也會用更開放的態度，去看更多不同觀點的文章，不讓自己受限，盡可能不帶偏見，不要先入為主。這樣才可以抱持謙虛的態度，繼續學習下去。

未來，我也不再那麼害怕別人再次踩到我的痛處。因為我知道我會越來越有勇氣，面對自己的脆弱。

當你遇到自信心爆棚的人

你們有遇過「他說的都對」的那種人嗎？

我從小就遇過幾個意見領袖，說話好篤定，看似是非分明，但都是他個人主觀意見而已。

偏偏我又是個價值低落的人，總覺得自己的看法一定是錯的，別人看法一定比我好。

小時候我會莫名崇拜這樣的人，不自覺會想跟著他，在旁邊當個小嘍囉就好，不需要有自己的意見，還有人可以擋風遮雨。

只是，跟在這種人旁邊，需要有自尊心常受傷的準備。在他的小宇宙裡面，只有他是對的。當他喜歡你的時候，你可以感受到自己被認可、被保護。當他討厭你的時候，就有被「世界主流價值」拋棄的感覺，很桑心。總之，你有沒有價值，就看「皇上」有沒有賞你臉。

長大之後，自己變得懂事。漸漸的不會屈服於這種人格，甚至還會覺得有點討厭。當對方侃侃而談並且開始教訓別人，我從一開始會嚴厲的檢討是不是我的錯，到後來變得清醒。心中千百個○○××的翻白眼，但也不會想直接打臉他。因為對方氣勢太強，俗仔的想⋯⋯如果真的打臉，可能反而被羞辱得很慘，加上我也不想破壞表面友誼，那還是算了。

但事情不會就這樣結束喔！我們會帶著這樣的不甘心，一轉頭就找人抱怨。

「明明是個北七，見識短淺、眼光狹隘，還教我怎麼做人咧！拎祖罵做人比你成功好嗎！呸！」⋯⋯那剛剛為什麼不講出來？騙自己說自己是文明人，不跟他爭！

只是我幹嘛這麼生氣啊！ 因為在他面前，就是「輸」（氣勢）得不甘心啊！

我常這樣帶著委屈，回家跟滔哥抱怨：「為什麼他把我講得做什麼事都是盲從，感覺我是個白痴一樣？！」但滔哥總會說：「那種人往往把事情簡化，但隨便都找得到破綻，比方說⋯⋯」

滔哥真厲害，為什麼他這麼會吐槽這種人，我都不會。是啊！明明我就做得很好啊，為什麼不會替自己辯護呢？

以前不會正面跟這種人衝突，會表面隱忍。但最近我變了，氣勢被輾壓幾次之後，實在很煩。當對方開始評論我的作為時（類似，你沒讓孩子學××才藝喔！你這個媽媽不行喔，孩子要栽培啊！眼光要放長遠啊！）我已經懂得禮貌回覆他，並替自己辯護。「我評估過啊！那又不適合我家孩子，沒必要大家做，我也一定要做啊！」如果對方聽得下去，那代表這個人還可以放在朋友名單上。如果對方仍然堅持己見，那還是保持距離，或是漸行漸遠比較好。我朋友 hen 多，不差你這個！

我們很棒的，只是我們信心不夠，或不習慣去對抗這種質疑。他們的出現，或許正好訓練比較沒有信心的自己，可以臨危不亂，迅速整理自己思緒，盡可能不傷害對方的前提下，客氣有禮貌地反駁。

當你具備這樣能力的時候，心情真的會開闊很多很多（我最近已經反駁了很多次，覺得好爽快！感覺自己好厲害！）這些是需要練習的，跟做麵包一樣，反應會越來越快，心會越來越穩，越來越相信自己。漸漸的……這種人也沒那麼討厭了，因為他威脅不了我們了。（是不是又越過一座山了 ^^）

結語

謝謝大家跟我一起把書閱讀到最後一個章節的最後一個字。雖然擁有出版了十本書的經驗，但卻是第一次出版心靈勵志類的書，在這領域，我是初試啼聲呢！我學到很多，也經歷了心情高低起伏的調適。在寫書的這段期間，剛好是我準備換房、賣房、裝潢。還有在疫情過後，粉絲專頁內容也必須跟著讀者習慣改變的陣痛期。

就在我感到沮喪失落的時候，正值我得好好將這本書校稿的時候。我看著自己寫下的這些文字，從第一章的第一篇開始。試著從世俗似是而非的話語中解脫。第二章的在婚姻裡面，那個帶有點酸有點苦，卻也從中獲得了難能可貴的親子關係，與憤怒中又帶笑的夫妻關係。第三章看到自己努力追夢的樣子，再看到第四章自己的重生。再次感同身受這些起落，我再次被這些文字鼓舞了，得到了勇氣。相信自己會再度跨越眼前的困難，看到更蛻變的自己。我們每一個人都可以的，你絕對比你想像中來得更強大，只要你願意開始相信自己！

你不該討好全世界，卻冷落了自己

作　　者／ 辣 媽 Shania(郭 雅 芸)
主　　編／ 蔡 月 薰
企　　劃／ 蔡 雨 庭
封面設計／ 謝 佳 穎
內頁編排／ 郭 子 伶

【特別感謝】 DR. BRONNER'S ALL-ONE!. 布朗博士

總編輯／梁芳春
董事長／趙政岷
出版者／時報文化出版企業股份有限公司
108019 台北市和平西路三段 240 號 7 樓
發行專線／ (02)2306-6842
讀者服務專線／ 0800-231-705、(02)2304-7103
讀者服務傳真／ (02)2304-6858
郵撥／ 1934-4724 時報文化出版公司
信箱／ 10899 台北華江橋郵局第 99 號信箱
時報悅讀網／ www.readingtimes.com.tw
電子郵件信箱／ books@readingtimes.com.tw
法律顧問／理律法律事務所 陳長文律師、李念祖律師
印刷／勁達印刷有限公司
初版一刷／ 2023 年 7 月 21 日
初版二刷／ 2023 年 10 月 23 日
定　　價／新台幣 450 元

你不該討好全世界，卻冷落了自己：接受真實的你，活出不糾結的人生／辣媽 Shania(郭雅芸) 作．-- 初版．-- 臺北市：時報文化出版企業股份有限公司，2023.07
面；　公分
ISBN 978-626-374-038-9(平裝)

1.CST: 自我實現 2.CST: 生活指導 3.CST: 婚姻 4.CST: 兩性關係

177.2　　　　112009895

尋夢食光

|辣媽 Shania|

20 道承載記憶的美味配方

Contents —— **目錄**

菠蘿麵包

菠蘿系列的麵包，對我來說意義非凡。在我出版三本書之後，暫時沒有跟任何出版社有簽約。就因為有了出版三本書的經驗，我自以為對於出版有一定的熟悉度，再加上有募資平台來找我合作，於是，我決定用募資的方式來出版這本《辣媽的百變菠蘿麵包》。

實際執行了之後才發現，自己得身兼數職，除了要寫文稿之外，還要請美編幫忙排版、封面設計。另一方面，我還得自己規劃行銷策略，設計不同的購買組合給大家選擇。之後還要校稿、出版發行。最後我還是求助了出版社來協助出版前的各項瑣碎重要的事項。還記得當時，即使我們都盡力了，但仍無法如期出版，得讓讀者多等 1 ～ 2 週。可能長時間累積了太多壓力，我在直播跟大家說明進度延遲的時候，竟突然淚崩，一直跟讀者說對不起。沒想到大家越跟我說：「沒關係」我更是哭不停，真的好糗喔！

那次深刻體會到，在專業前（類似出版業），必須謙卑。原來每個細節，都必須靠專業長時間累積，才可以走得順利，並不是我原本以為的理所當然。

菠蘿麵包一書出版之後，因為身心俱疲，我一度以為再也不會出版烘焙書籍了。 沒想到在幾個月後，因緣際會下，我對麵包不同主題有了新的想法與熱情，因此再度踏上出版之路。我原本以為的終點，竟然是另一個起點啊。人生的境遇，就在不可測中，變得更豐盛。

材料
菠蘿麵糰（可做8個）｜低筋麵粉 100g、糖粉 50g、雞蛋 24g、奶油 50g、奶粉 10g
麵包麵糰｜高筋麵粉 250g、水 165g、砂糖 25g、酵母 2.5g、鹽巴 3g、奶油 25g
全蛋蛋液 適量

菠蘿皮

1. 奶油放在室溫軟化之後，用打蛋器打軟，加入糖粉，再度用打蛋器打到均勻。
2. 分次加入蛋汁攪拌均勻。
3. 最後加入奶粉、過篩的低筋麵粉。壓拌成圓柱狀之後，進冰箱冷藏 30 分鐘，要使用時再從冰箱取出，之後分成 8 等份搓成圓形。

麵包

1. 麵糰材料放入麵包機，並且啟動「麵包麵糰」或是「快速麵包麵糰」。（包含揉麵約 20 分鐘，一次發酵約 60 分鐘）
2. 分割成 8 等份滾圓，醒 10 分鐘。
3. 取一份菠蘿皮，隔著保鮮膜桿平壓平，麵糰重新滾圓一次之後，蓋上菠蘿皮。
4. 將麵糰與菠蘿皮包好，並且在菠蘿皮畫上紋路（先畫三條平行線，轉 90 度再畫三條平行線），放到烤盤上。
5. 在室溫 30 度環境下，進行最後發酵 50 ～ 60 分鐘，塗上蛋液。
6. 烤箱預熱 200 度，預熱完成之後烤 13 ～ 15 分鐘就完成了！

鬆餅粉吐司

當初我出版第一本食譜書的時候，身為菜鳥作家的我，心情非常的忐忑。其中最主要原因是，我對自己並不是那麼有自信。而當年因為麵包機正在熱潮上，所以有很多人需要麵包機食譜。

那時候 Facebook 上麵包機的社團，參與的人真的好多，動輒幾萬人，而且每篇貼文都很容易受到矚目。當時我的食譜書發行之後，有很多朋友紛紛在社團上面分享他們剛購入的心情。也有朋友在他實作之後，提問說：「為什麼鬆餅粉吐司做起來很乾？」

當然，我看到這個問題，覺得有點擔心害怕，擔心是我的食譜有問題。但我明明自己做過，也吃過，是沒問題的啊！

看到有人質疑，我好想逃避，也很想辯解。想了好幾分鐘之後，我決定勇敢去面對。跟大家解釋，使用不同品牌的鬆餅粉，就會有不同的結果。也有可能是因為什麼原因，造成吐司容易偏乾……等等。很開心得到讀者們很善意的回應，我也才比較釋懷。

當時我體會到，原來發生了什麼事並不重要，重要的是，你用什麼態度面對這樣的事情，並願意去處理它。抱著一顆學習的心去面對，如果做得不夠好，就試著虛心接受。

現在的我，比當年第一本書出版的時候，已經有更豐富的經驗了，現在就讓我來重新調整這道食譜吧！這款吐司很好咬斷，吃起來也有點綿密感，微甜、微微香，是一款越吃越好吃的吐司喔！

材料
鬆餅粉100g（使用九州鬆餅粉）、
高筋麵粉200g、雞蛋100g、
鮮奶55g、水35g、
砂糖30g、奶油30g、
鹽巴3.5g、酵母3g

1. 胖鍋麵包機，選擇行程 1（經典白吐司）。
2. 溫度選擇：中溫。
3. 將所有材料放入麵包機，選擇上述功能，時間到了之後，將吐司倒扣出來，涼了之後就可以吃了！

柔軟香甜的小餐包

這道食譜是我當初在教烘焙課的時候，深受大家喜愛的麵包。看起來很普通，吃起來卻令人上癮。

這源自於小時候，我曾經非常喜愛一款巨蛋麵包。還記得濃郁奶香，入口即化的麵包，好好吃。直到我長大了，都還是念念不忘。

偶然機會下，因為冰箱中鮮奶油剩下太多，我加了很多到麵糰裡面。意外做出口感非常相似的麵包。於是我把它做大一些，但因為麵糰組織偏軟塌，所以做成大的麵包，會比較考驗大家的技術。

某一次我只是想偷懶，不做成大的麵包，反而改成小餐包。烤完之後給同學吃，竟然大受好評。因為吃起來又香又軟，孩子也好喜歡。不小心就成就了另一個招牌麵包。

創意似乎是，當你急切尋找，往往會遇不到。或許就在不經意中，一連串的巧合中就會出現。

材料
鮮奶油 100g、水 120g、
高糖酵母 3g、砂糖 35g、
法國粉 300g、鹽巴 4g

1. 所有材料放入麵包機，啟動「麵包麵糰」或是「快速麵包麵糰」模式。
（包含揉麵約 20 分鐘，一次發酵約 60 分鐘）
2. 麵糰發酵好之後，分割成 10 等分，滾圓之後放到烤盤上。
3. 40 度室溫發酵 50 分鐘。
4. 烤箱設定 190 度，烘烤 12 分鐘，麵包上色之後就完成囉！。

紫薯比利時鬆餅

比利時鬆餅的食譜，在我第一本書的時候已經出現過，但那時候並沒有受到很多人的關注。直到我將這食譜跟熱門的鬆餅機結合之後，就比較多人看到了。這曾是我粉絲專頁超人氣的熱門食譜。有非常多朋友包含幾位網紅都有試做過，這真的是我的重要代表作之一。

看過其他比利時鬆餅的食譜，發現糖油都很高，我試著將油、糖減低，同時再研發不同的口味，一次分享給大家。

因為這不需要二次發酵，製作時間比較短，做法也很簡單。重點是，用鬆餅機夾的時候，香味四溢讓人彷彿置身在咖啡館啊！

我最愛比利時鬆餅裡面的珍珠糖，咬起來卡滋卡滋的。把珍珠糖拿掉，也可以包入不同的鹹的餡料。這個食譜，則是換上香甜又高顏值的紫薯餡，視覺更加分了，又替我們家孩子多研發了喜愛的新口味，媽媽感到很欣慰。

材料
麵糰｜高筋麵粉 100g、
低筋麵粉 80g、砂糖 35g、
酵母粉 3g、奶油 50g、
鮮奶 55g、雞蛋 1顆、鹽巴 2g
紫薯餡｜熟紫薯 130g、
奶油 15g、砂糖 15g

tip＊必須使用鬆餅機才能完成。

紫薯餡：將所有材料用食物處理器攪拌均勻就可以。

珍珠糖：適量。

1. 除了奶油以外，所有材料放入麵包機，啟動「快速麵包麵糰」或是「麵包麵糰」模式。麵糰成糰之後，投入所有的奶油，之後讓麵包機繼續揉麵。（包含揉麵約 20 分鐘，一次發酵約 60 分鐘）
2. 麵糰發酵好之後，分割成 8 等分
3. 包入適量 20g 的紫薯餡，放適量的珍珠糖點綴，包起來。
4. 鬆餅機預熱完成之後， 塗上適量奶油，兩邊個別放上一個麵糰，蓋上蓋子約 3 ～ 4 分鐘就完成了！！

草莓白巧克力手撕餐包

做麵包久了，難免遇到瓶頸。我也一直督促我自己，需要跨出去嘗試不同麵包。像是把自己製作麵包流程，做個大改變。不要一直侷限在直接法裡。曾有一段時間，我提不起勁，一直徘徊在「新方法」跟「舊方法」中間。懶得嘗試新方法，但又不想重複做舊的，所以一天拖一天，每天都沒有進展。

後來，我決定不要再這樣強逼自己了。畢竟我是家庭烘焙，又不是麵包店。幹嘛一定要有多創新啊，我就先從食材變化開始吧！這樣比較快就可以嘗試不同的麵包。

就在某天因為家裡草莓剩下一些，就用它來做成手撕餐包。新鮮草莓取代部分水份，做出來的麵包，竟然有草莓果醬的香氣。剛出爐的時候，用聞的就會流口水。看照片也賞心悅目，好想咬一口。

「改變」其實是漸進的，如果一次給自己太遠大的目標，反而會卻步。倒不如每天都做一點點的小改變，累積起來的經驗，也是很可觀的啊！

材料
高筋麵粉 250g、
新鮮草莓 60g、鮮奶40g、
水 65g、砂糖 25g、
速發酵母 2.5g、奶油20g、
鹽巴 3g

tip ＊使用模具 18cm*18cm

包餡

白巧克力：適量。

草莓巧克力：適量。

1. 麵糰材料放入麵包機，並且啟動「麵包麵糰」或是「快速麵包麵糰」。（包含揉麵約 20 分鐘，一次發酵約 60 分鐘）
2. 麵糰發酵好之後，分割成 9 等分，滾圓休息 10 分鐘。
3. 將小麵糰拍平，包入適量的巧克力，底部收緊，放入已經鋪好烘焙紙的模具上。
4. 40 度室溫發酵 50 分鐘。
5. 烤箱設定 190 度，烘烤 18 分鐘。
6. 等麵包涼了之後，將白巧克力隔水加熱融化，再擠上適量在麵包上做裝飾，就完成囉！

香菜 VS. 九層塔歐式麵包

接受到 YouTuber「厭世甜點店」的挑戰，將香菜入菜。那是我第一次跟其他 YouTuber 相互 Feat，我非常開心。而「拿拿摳」也同時找了江老師、克里斯餐桌、營養師 Ricky 一起錄製。面對這些訂閱數遠遠高於我的 YouTuber 們，非常期待，但也會有點小小擔心。總覺得自己不夠強，會不會在裡面有些尷尬？

所幸這幾年來，我對自己比較有自信了。我覺得大家的領域不一樣，強項不一樣，可以投入在影片的時間也不同。數字高低反映了在某個領域的成就，與每個人選擇不同。不要用數字來定義自己的價值，我就勇敢地參與錄製這可愛的影片吧！

其實把香菜入菜這件事，有點有趣，因為我超討厭香菜，我怕有人跟我一樣，所以除了「拿拿摳」要我做的香菜吐司之外，我另外加做了九層塔口味。

這兩款都是免揉麵包，讓當時在防疫期間的大家，沒有機器也可以簡單做 ^^。

材料

香菜軟Q吐司｜法國麵粉200g、水150g、低糖酵母1g、鹽巴3.5g、香菜5～8g（或適量）、起司適量

九層塔起司拖鞋麵包｜法國麵粉200g、水150g、低糖酵母1g、鹽巴3.5g、九層塔：12～15g（或適量）、起司適量

tip

烘烤前後：適量的橄欖油

吐司使用：17.5*11.5*7.5cm的琺瑯盒

1. 取一個保鮮盒，放入常溫水與酵母靜置約 1 ～ 2 分鐘之後，倒入麵粉，再放入鹽巴。
2. 用湯匙將所有材料攪拌均勻，靜置 20 分鐘。
3. 將香菜或九層塔（葉子若太大，要剪小塊）倒入琺瑯盒，繼續用湯匙攪拌均勻，於室溫發酵 30 分鐘。
4. 放入冷藏 3 ～ 4 個小時。
5. 將麵糰從琺瑯盒倒出來，手沾適量的橄欖油，將麵糰攤開，放入適量的起司。
6. 折三折，再轉 90 度之後，再度折三折，靜置 20 分鐘。
7. [香菜吐司] 將麵糰分割成兩等份，收圓之後，放入吐司盒。
   [九層塔拖鞋麵包]麵糰分割成兩等份之後，稍微拉長，放到烘焙紙上。
8. 於 30 度環境發酵 50 分鐘。
9. 230 度烘烤，香菜吐司 25 分鐘／九層塔拖鞋麵包 20 分鐘。烘烤前後可以塗上適量的橄欖油。

小 V 手撕餐包

很多朋友希望我試作看鑄鐵鍋麵包，我難免覺得，為什麼要隔著一個鍋烤麵包呢？不能直接將麵糰放烤箱就好嗎？這樣有效率多了呀！

於是我就拖著、拖著不想去嘗試，直到某天為了某個商業合作案，迫使我一定要去試試看。沒想到試做之後，覺得這樣烤出來的手撕餐包也太美了吧！原來並沒有我想像的那樣麻煩，而且鑄鐵鍋的導熱效果，遠比我想像中來得好，也不是我以為的，需要烘烤很長的時間。

麵包做久了，就會有既定框架，已經習慣了某些成功模式，就不太願意嘗試新的方法。可能擔心失敗，也可能因為懶，然後用「反正那也沒什麼」來安慰自己。時間久了，是不是變成成語裡面說的「墨守成規」呢？想想真的滿可惜的！如果可以，我們勇於改變吧！嘗試新事物，人也會變得開朗！

這手撕包真的太療癒了，看著它似乎減輕了不少煩惱！這麵糰份量稍微比鍋子大一些，烘烤之後，麵包會高於鍋子的高度，滿出來的樣子，更有豐盛感，很值得讓自己驚艷一下！

材料
高筋麵粉250g、無糖優格45g、
雞蛋15g、水115g、砂糖25g、
速發酵母2.5g、奶油20g、鹽巴3g

tip＊使用14cm小V鑄鐵鍋×1＋10cm鑄鐵鍋×2

1. 麵糰材料放入麵包機，並且啟動「麵包麵糰」或是「快速麵包麵糰」。（包含揉麵約20分鐘，一次發酵約60分鐘）
2. 麵糰發酵好之後，分割成數等分，滾圓。

14cm: 48g*6

10cm: 45g*2

10cm: 45g*2

3. 鑄鐵鍋鋪上烘焙紙之後，14cm放入六個麵糰，10cm放入兩個麵糰。
4. 40度室溫發酵50分鐘。
5. 14cm：前5分鐘200度，之後轉180度再烘烤15分鐘（總共20分鐘）。
   10cm：前5分鐘200度，之後轉180度再烘烤10分鐘（總共15分鐘）。

火腿起司手撕包 VS. 滔哥

鹹口味麵包是滔哥的最愛，不用額外再抹什麼醬或是包什麼料，直接吃就好。

有時候嫌棄男人因為「慶菜」（隨便）而粗心，很氣他幫孩子準備餐點的時候，都以他自己方便為主，根本沒在管孩子現在想吃什麼。把餐外帶回來之後，聽到孩子哎哎叫說不想吃，搞得我心情很阿雜。

但有時候也因為他的「慶菜」，所以才好「款待」。滔哥對於我做什麼麵包，沒有太多的意見。常跟我說：「妳方便就好！」，所以我幾乎做什麼麵包，他都會買單。真令人鬆口氣啊！不然兒子一個口味，女兒一個口味，若又多一個人有意見，我還真的做到崩潰。

哎……好吧！這樣想，這種凡事「慶菜」的男人也不全然不好啦！

夫妻相處就是這樣，總得在生活有摩擦的時候，仍能忍著自己的痛，看到對方的好。然後也看到自己可能也有做不夠好的地方，進一步接受這樣的自己，夫妻才有辦法繼續生活下去！

回到這個麵包吧！這款麵包用了自製豆漿也加了些雞蛋，麵包體很柔軟也很蓬鬆。經過烘烤之後，隔天早上變冷了，若想讓它快速回復剛出爐的狀態，建議用微波 600W，20 秒。這招超好用喔！特別是這種有包內餡的，大家可以試試看！

材料
高筋麵粉250g、豆漿55g、雞蛋20g、
水95g、砂糖25g、速發酵母2.5g、
奶油20g、鹽巴2.5g
內餡｜番茄醬（或漢堡醬）適量、
火腿 三片剪成小塊、起司適量、豆漿適量

tip *使用琺瑯1.8L（18*18cm）

1. 麵糰材料放入麵包機，並且啟動「麵包麵糰」或是「快速麵包麵糰」。（包含揉麵約 20 分鐘，一次發酵約 60 分鐘）
2. 麵糰發酵好之後，分割成 9 等分，滾圓休息 10 分鐘。
3. 取其中一個麵糰拍平，放適量的起司與火腿，包起來，放到已經鋪上烘焙紙的琺瑯盒。
4. 40 度室溫發酵 50 ～ 60 分鐘。
5. 烘烤前，麵糰表面塗上豆漿，將每一個麵糰剪開十字，放上適量的漢堡醬或是番茄醬。
6. 烤箱預熱 190 度，烘烤 17 分鐘。

巴斯克乳酪蛋糕 VS. 小彤

這款蛋糕曾在 2019 年席捲全球甜點圈，也被紐約時報評選為 2019 年最具代表的甜點。除了非常好吃之外，最重要的是，做法非常簡單，烤出來的顏色又很誘人。光用聞的，有微微的焦糖香氣，吃起來有明顯的乳酪風味，但卻不膩，還有輕盈感。口感也沒有重乳酪蛋糕那種黏膩，到嘴巴之後，很快就化開了。

濃郁的起司味，我女兒超愛的，每次做都是為了她。她常會自己分幾天吃完，有時候還會裝到保鮮盒裡面，帶到學校當點心。每當隔一陣子沒做這款蛋糕了，她還會主動「點菜」，要我再做一次。

這食譜是我 YouTube 頻道上最受歡迎的一道，破百萬觀賞次數。有趣的是，我曾極力抗拒拍攝這道食譜。當年，滔哥跟我說：「大家都在拍攝巴斯克，妳要不要也拍？」我說：「實在不想跟別人拍差不多的東西，更何況已經很多人拍了，我幹嘛拍？」。但後來因為也找不到什麼新題材，就決定硬著頭皮，多做幾次試試看。沒想到做出來的成品，真的非常好吃。於是藉由拍攝影片跟大家分享了這道食譜。很訝異這個影片意外地受到歡迎，明明我的 YouTube 頻道是以麵包為主，但這款蛋糕的觀看率卻遠勝出其他麵包的影片。

到底跟風不好嗎？到底是「隨波逐流」還是「順勢而為」？如果真的在乎閱率的話，跟風的確是個好方法！當然，成功的原因應該也包含了，將做法用最簡單清楚的方式呈現，讓大家一看就想做，食材也很容易取得，做了之後喜歡就順勢幫我分享。自媒體就是這樣有趣，看似看得到趨勢，但又不一定能抓得到。唯一不變的，就是得一直勇於嘗試。把普通的觀賞率當作日常，卓越的觀賞率當成中獎一樣，這樣才能細水長流的經營啊！

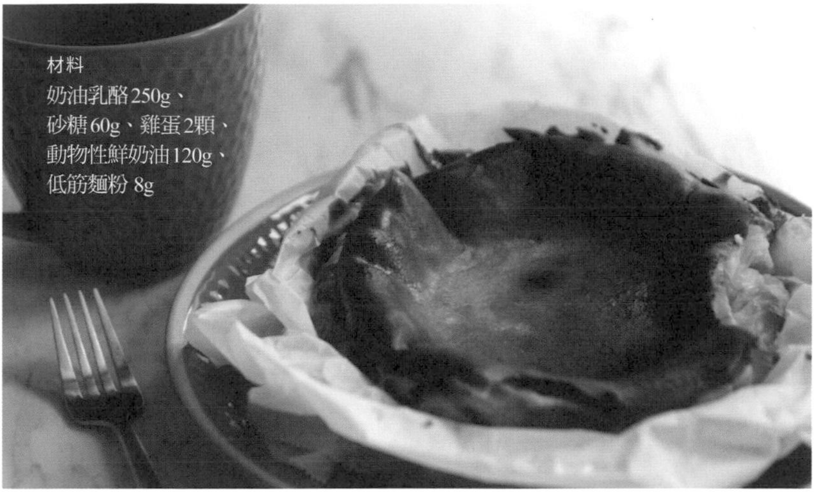
材料
奶油乳酪250g、
砂糖60g、雞蛋2顆、
動物性鮮奶油120g、
低筋麵粉 8g

tip＊適用6吋活動蛋糕烤模

1. 奶油乳酪放到室溫軟化，與砂糖一起用攪拌器打到滑順（手持攪拌器即可）。
2. 分兩次加入雞蛋，每一次攪拌均勻才放下一顆。
3. 分 2 ～ 3 次下鮮奶油，攪拌均勻。
4. 最後放入過篩的麵粉，攪拌均勻。
5. 烤模用烘焙紙鋪好，將蛋糕糊倒入。
6. 220度烘烤15分鐘，轉210烘烤15～20分鐘，看上色程度決定時間。
7. 出爐之後先不要脫模，放涼之後，建議入冰箱一個晚上之後再吃會更好吃。

抹茶紅豆麻糬麵包 VS. 小樂

這道是小樂的最愛，他好像就是那少數中，非常熱愛抹茶的男生。濃郁的抹茶麵包體，搭配香濃的紅豆，再加上入口即化的麻糬減低甜膩感，每一口都覺得好幸福。我超開心有個兒子可以陪我當抹茶控啊！

早在 5 年多前，我還在烘焙教室教學的時候，這款就是最受歡迎的麵包之一。那時候的我，從台北、桃園、新竹、台中、彰化、台南、高雄都有開課。一來很喜歡跟大家直接面對面，二來也喜歡看到同學自己做出麵包很滿意的感覺，我會因此獲得很多成就感。

但也常因為擔心自己不是個正統的專業師傅，而感到所知有限，難免會有些自責。 時間累積久了，讓我在教學的時候，無形間多了一些壓力，也常常在教課後發生腸絞痛的狀況。

原本以為是自己腸胃有狀況，問了好幾個醫生，大多表示沒有大礙，可能只是偶發狀況。直到後來才知道，原來真的跟「自責」有關。很訝異啊～這是我第一次體會到，心情跟身體的連結是這麼高啊！在我練習放下自責的那一刻，腸絞痛發生的頻率正減低中。（可以參考書中第四章文章內容）真實感到無比的幸運，如果可以，改天再度開啟小班的烘焙教學吧！

1. 麵糰材料放入麵包機，並且啟動「麵包麵糰」或是「快速麵包麵糰」。（包含揉麵約 20 分鐘，一次發酵約 60 分鐘）
2. 取出麵糰，分割成 6 等分，滾圓之後休息 10 分鐘。
3. 將麵糰拍平，取一個塑膠袋，抹一點油，取適量的麻糬，放上適量的蜜紅豆，包起來。
4. 全部麵糰放入烤盤上，在室溫約 35 度，發酵約 50 分鐘。
5. 麵糰上塗抹上鮮奶，烤箱預熱200度，烘烤約12～13分鐘即完成！

麻糬的做法

糯米粉 70g、水 130g、砂糖 15g、沙拉油適量。

1. 糯米粉、水、砂糖及一點點油放入玻璃碗裡面攪拌均勻。
2. 以微波 600W，50 秒，取出攪拌，再放入微波 50 秒，再度攪拌均勻，直到麻糬變米白色固體狀為止。
3. 保鮮膜沾點少許的油，浮貼在麻糬上，放涼即可包入餡料。

鮮奶黑糖葡萄乾軟歐包 VS. 我自己

大家是否會好奇，我做了那麼多款麵包，最喜歡的是哪一款？你們可能會很訝異，我喜歡的麵包，其實很家常。

那就是要有黑糖＋葡萄乾，或是加堅果的麵包。我最愛的是，把它做成一大條，第一天直接切片吃，剩下來的放冷藏。隔天之後，就會切片後，再用阿拉丁烤箱回烤到表面酥脆。

我非常享受麵包咬下去的那種喀滋喀滋的聲音，還有牙齒咬下去當下的口感，接著，等著黑糖釋放出微微的香氣，不經意又吃到甜甜帶點水分的葡萄乾。如果有堅果，那就更有層次了。

我喜歡這款麵包的原因，有另一部分是因為它百搭，可以搭配沙拉、煎蛋一起吃。 再加上成分低糖低油，吃起來更沒有負擔。

這款麵包超大！烘烤過後重量是 617g……足足有一斤，比 12 兩吐司的份量還多，烘烤時間的拿捏也是挑戰。

製作那一天，因為家裡鮮奶太多喝不完，所以能加就盡量加。發現做出來的麵包，還真的蠻柔軟的，也帶有一點嚼勁，很好吃誒！我覺得全用鮮奶的麵包，膨脹度雖然沒有全水分那麼好，但會有一些淡淡乳香風味，讓麵包香氣更有層次。

平常都做麵包取悅家人的你，別忘了有時候也做一款麵包犒賞自己吧！

材料
高筋麵粉350g、鮮奶250g、黑糖20g、
酵母粉3.5g、奶油12g、鹽巴6g、
葡萄乾70g（我習慣先用開水沖一下，瀝乾再使用）

1. 麵糰材料放入麵包機，並且啟動「麵包麵糰」或是「快速麵包麵糰」。（包含揉麵約20分鐘，一次發酵約60分鐘）
2. 麵糰發酵好之後，排氣滾圓休息10分鐘。
3. 將麵糰桿為長方形之後捲起來，放到烘焙紙上。
4. 40度室溫發酵50～60分鐘。
5. 烤箱預熱190度，烘烤20分鐘（前5分鐘，開3顆蒸汽。若無蒸汽可直接忽略。）

古典巧克力蛋糕

這道巧克力蛋糕是我超愛超愛的一道甜點。我喜歡烘焙，但大多都專注於麵包，比較少做蛋糕。但偶然的情況下，我看到了這道食譜，讓我躍躍欲試。果然一試成主顧，濃郁的巧克力香氣，但口感卻是濃郁中帶點輕盈。

這個蛋糕帶給我不少成就感，一定要推薦給大家。

材料
材料1｜苦甜巧克力75g、無鹽奶油50g
材料2｜蛋黃3顆、砂糖15g、鮮奶30g、低筋麵粉20g、可可粉25g
材料3｜蛋白 3顆、砂糖50g、糖粉（裝飾用）適量

tip＊適用6吋蛋糕模型

蛋黃糊

1. 首先將巧克力與無鹽奶油一起隔水加熱融化，確定有融化即可離鍋。
2. 蛋黃與砂糖攪拌均勻， 盡可能將砂糖攪拌至溶解。
3. 倒入鮮奶攪拌均勻。
4. 再倒入巧克力與奶油，全部一起攪拌均勻。
5. 倒入過篩的可可粉與低筋麵粉，攪拌均勻，蛋黃糊就完成了！（若是冬天請放到溫暖處，不然巧克力奶油很容易會變硬 。）

蛋白霜

6. 用電動打蛋器，分次加入砂糖將蛋白打發。
7. 將蛋白霜分次加入 4. 並且攪拌均勻。
8. 倒入烤模裡，烤箱預熱 180 度，烤 25 分鐘。
9. 放涼之後再脫模，撒上糖粉就可以囉！

香蕉戚風蛋糕

其實我沒有很喜歡吃香蕉，但不知道為什麼香蕉做成蛋糕會如此美味。當你不小心買了香蕉，卻忘了儘早吃完，而發現它已經太過軟爛的時候，正是做蛋糕最好的狀態啊！

我也曾瘋狂的測試香蕉蛋糕，然後因為做太多，還到處找人幫忙消化。這真的是烘焙愛好者一定會經歷的階段。因為烘焙就是這麼好玩，一旦著迷，就會停不下來一直想要試試看。做了一堆麵包蛋糕，也得找到人分享才可以，不然可惜了這些心血。

但萬一材料量秤錯誤，做到一半發現不對，那該挽救嗎？還是直接停損不要再做下去？如果是蛋糕新手的話，我建議就此打住，趕緊重新量秤一份新的。如果捨不得量錯，而一直想去挽救，很可能會浪費更多食材喔！我就經歷過很多次的教訓啊！做烘焙也在練習斷捨離呢！

這款香蕉戚風蛋糕，不會很甜，也很濕潤好吃。濃郁的香蕉風味，連孩子也都很喜歡，也很適合做來送親友喔！

材料
蛋黃4顆、沙拉油30g、
鮮奶15g、香蕉泥150g、
低筋麵粉80g、
蛋白4顆、白砂糖50g

tip＊

1.使用7吋戚風蛋糕模。
2.請挑選軟爛的香蕉，風味更容易凸顯。
3.烤蛋糕的時候，烤溫要求比麵包更嚴格，請大家花點時間研究自己的烤箱該怎麼調整烤溫喔!

---

1. 將香蕉去皮壓碎成香蕉泥，烤箱預熱180度。
2. 低筋麵粉過篩備用，將4顆雞蛋分蛋（分為兩鍋一個放蛋白，另一鍋放蛋黃），砂糖量秤好。
3. 將蛋黃打散，加入鮮奶、沙拉油，攪拌到均勻。
4. 倒入香蕉泥攪拌均勻，再投入過篩的低筋麵粉，攪拌均勻。蛋黃鍋就完成了！
5. **蛋白鍋**：蛋白先用打蛋器打到粗泡，再分三次加糖打到全發，就是打蛋器將蛋白撈起的時候，蛋白狀態會非常挺立。
6. 取一部分蛋白到蛋黃鍋裡面，大致攪拌均勻，再倒入所有的蛋白，用刮刀攪拌到完全均勻。
7. 倒入戚風模，敲1～2下，把空氣敲出來。
8. 180度10～15分鐘之後，降溫到170度，繼續烤20～25分鐘，總共35分鐘。
9. 出爐後重敲，立即倒扣，降溫到常溫，之後用手脫模即可。

小皇冠戚風蛋糕

蛋糕類並不是我擅長的品項，但看著好多烘友們做出美美的蛋糕作品，又忍不住「自責」覺得自己都待在舒適圈。

其實，我早就成功解鎖戚風蛋糕，而且是一般傳統烤箱，或是水波爐我都可以烘烤成功。

但，之前僅限於中空的戚風蛋糕模，中空多了中間可以導熱，成功率比較高。若是一般圓形蛋糕模的話，難度會高很多。

再加上我使用的是微波爐，必須克服炫風的問題。這個蛋糕我失敗了很多次啊，數十次都有。往往都是蛋糕本身好吃，但外型炸開了。有時候烘烤到一半就下陷。我曾很羨慕別人做得好，當然也好奇別人怎麼辦到的，所以刻意到貼文下方留言區，看看大家討論製作過程。看了才知道，每個人為了漂亮的蛋糕，也是練習了上百顆雞蛋，才能漸漸呈現出美好的作品。中途不乏是蛋白打發的狀態，麵糊攪拌合的手勢，最後烘烤的溫度設定……，千萬個關卡啊！而且猶如瞎子摸象一樣，到底是哪個步驟有問題，都是用猜的！當初我也是找遍網路上各大文章，我覺得該做的我也都做了。但最終找出答案的時候，就在那細微的手感中體會到，除了網路文章之外，大量的練習才能累積真本事的！

努力了這麼久，終於成功的蛋糕。雖然我吃了很喜歡，但因為它成分很單純，原本以為只有自己會喜歡（哎……我還真沒自信）。就在我工作室剛整修好的時候，閨蜜們來幫我舉辦「入厝派對」。我特地做了這蛋糕，切給閨蜜們吃，再搭配點鮮奶油。大家出乎我意料的讚不絕口，說絕對不輸外面的名店……天啊……讓我實在太開心了！這麼久的努力，果然沒白費了。單純的蛋香，加上淡淡的香草香氣，濕潤的蛋糕體，簡單就很好吃，也很耐吃。就跟這些同溫層閨蜜的感情一樣，簡單、緊密也長久。

材料
*使用中型雞蛋，一顆去殼重量約為50g。
蛋黃3個、植物油30g、牛奶53g、低筋麵粉53g、香草籽1/3根
蛋白3個、砂糖45g

tip＊

1.一顆6吋蛋糕模型。
2.水波爐最慢可以在準備打發蛋白的時候預熱烤箱。
3.其他烤箱一定要在秤料時，就先預熱。建議用180度，約15分鐘之後調降170度，總共烘烤時間35～40分鐘。要自己多試幾次才會知道喔！

---

1. 完成蛋黃鍋：蛋黃攪拌均勻，之後加植物油攪拌均勻，再加入牛奶，加入香草籽攪拌均勻，加入過篩的低筋麵粉，攪拌均勻就可以。
2. 蛋白鍋：用攪拌器攪拌蛋白，分 2 ～ 3 次將砂糖加入蛋白裡面，打發至堅挺狀態。
3. 取 1/3 的蛋白霜加入蛋黃鍋，簡單攪拌之後，加入剩下的蛋白霜，並且小心的攪拌均勻，請勿過度攪拌，會容易會消泡。
4. 倒入烤模裡面，將烤模往桌子用力撞 1 ～ 2 下，把空氣震出來！
5. 放入烤箱，烤箱 180 度烘烤 13 分鐘（第 10 分鐘時候畫線），170 度烘烤 17 ～ 20 分鐘，總長 30 ～ 33 分鐘！
6. 出爐後重敲，立即倒扣， 降溫到常溫，之後用手脫模即可。

巧克力擠花餅乾

這餅乾真的好像小孩候吃的 × 群喜餅啊！當初也是有很多粉絲敲碗，希望可以分享這道食譜。

小時候懷念的味道，可以靠自己做出來，實在滿滿成就感！如果因製作卡士達醬或是荷蘭醬，而剩下很多蛋白，就非常適合來做這款餅乾！

這款餅乾我覺得不甜，可可味很濃郁，一口接一口好好吃！我們曾與前同事外出烤肉，我就帶這些餅乾去給大家吃，看著小孩們瘋搶，被大人們讚不絕口，這時候就覺得，自己會做烘焙真是驕傲啊！

材料
無鹽奶油80g、糖粉60g、
蛋白26g、鹽巴少許、
低筋麵粉100g（冬天的話建議減
少到90g）、無糖可可粉15g

1. 奶油於室溫軟化，用打蛋器打軟之後，加入過篩的糖粉，再度攪拌均勻。
2. 分兩次加入蛋白，每一次都攪拌均勻之後即可。
3. 加入過篩的麵粉與可可粉，再度攪拌均勻。
4. 在擠花袋裡面，放入擠花嘴（我用 SN7092）再放入麵糊，再將麵糊擠到烤盤上。
5. 烤箱預熱 170 度，預熱完成之後，烤 15 分鐘，再燜 5 分鐘即可。

葡萄乾燕麥餅乾

燕麥葡萄乾餅乾是我從第一本食譜書開始，就非常喜歡的品項。有點軟有點香，還有葡萄乾的甜，加上滿滿的高纖燕麥，口感層次是很豐富的。

某天我們大學同學在疫情過後一起聚會了，最主要是因為住在馬來西亞的同學回台灣一趟。在聚會之前，我剛好因為需要研發燕麥葡萄乾餅乾的食譜，而同時做了三種不同的配方。大量製作，就等著一群同學來吃看看。

我向來不敢拍胸脯保證，自己的食譜一定會讓大家滿意。所以我都會用比較中性的方式介紹自己的餅乾。真不知道自己在心虛什麼？明明已經很多人給我肯定，但我還是很難對自己百分百放心。

沒想到同學吃了之後，都說很喜歡之外。馬來西亞的同學外帶了好幾個給兒子吃，同學也很訝異，挑嘴的兒子意外的喜歡，還說打包得太少吃不夠。同學還跟我要了配方，要做給兒子吃之外，他甚至開玩笑說：「大量生產的話，一定會大賣。」哈～我真的太開心了！做烘焙最最開心的就是，在分享美食中，意外受到讚美，而獲得滿滿的成就感。

材料
低筋麵粉120g、泡打粉2g、
奶油60g、砂糖40g、蛋1顆、
即食燕麥片80g、葡萄乾50g

1. 葡萄乾用熱水燙過，瀝乾備用。
2. 奶油軟化後與砂糖先放入攪拌盆， 攪拌至兩者均勻混合。
3. 分幾次加入打散的雞蛋，繼續攪拌均勻。
4. 倒入過篩的低筋麵粉與泡打粉，攪拌均勻即可。
5. 再加入燕麥與葡萄乾， 攪拌均勻，將攪拌盆蓋上保鮮膜，放入冰箱冷藏 30 分鐘。
6. 從冰箱取出麵糰，分割為每個約 20g，簡單搓圓再壓扁，放到烤盤上面，餅乾之間要留適當空隙。
7. 烤箱 170 ～ 180 度預熱完畢後，放入烤箱烤約 16 ～ 18 分鐘，再燜 5 分鐘。

鳳梨酥

鳳梨酥是我國中、大學、研究所的同學，甚至我上班了之後的同事們對我爸媽的記憶。

我的爸媽是很熱切參與我生活的父母親。媽媽是從我高中開始愛上烘焙的，她特別獨愛鳳梨酥。很多親戚朋友都吃過她做的鳳梨酥，包括我眾多同學們。很多人都說不甜膩，也不會太油，很順口，不小心就一個接一個的吃。

當初媽媽一直很希望我跟著她學烘焙，但我寧可在家翹腳看電視，也不要動手做，因為覺得烘焙好無聊，而且還會把自己的雙手弄得油油的。

媽媽是個手腳快速俐落的人，不用一會兒功夫，鳳梨酥就一盤一盤的出爐。我頂多就是在鳳梨酥冷卻之後，簡單幫忙包裝而已。

記憶中，每當有同學聚會，或是大學時期到偏鄉學校帶隊時候，媽媽總會拉著爸爸一起，帶一堆吃的來營隊找我們。不管是飲料、鳳梨酥、水果都會有，往往必須請他們「節制」一點拿，免得大家吃不完！記得當時媽媽總是嘰哩呱啦一直跟每個同學講話，而爸爸總是在旁邊笑笑的搭個腔。

在我第二本書撰寫的時候，我特別去問媽媽當初鳳梨酥的食譜，媽媽就給了我這配方。我特別將它放在食譜裡。媽媽是我烘焙的啟蒙老師，一開始不懂的直接問她就好，往往讓我更快上手。

烘焙，不是只有療癒我的人生，也記錄了我人生中每個重要時刻。

材料

外皮｜無鹽奶油75g（事先室溫軟化）、糖粉30g、蛋黃1顆、低筋麵粉150g、奶粉3g

蘇打水｜水30g、小蘇打粉1/8茶匙，先混合成小蘇打水。

市售鳳梨餡｜200g（先分割成8等份，並且搓圓）

tip＊

1.此配方約8顆份量。

2.鳳梨酥模型：6.5*3.2*2.8公分

1. 將室溫軟化的奶油與糖粉放入攪拌盆，攪拌均勻。
2. 接著，放入蛋黃再次攪拌均勻。
3. 加入過篩的低筋麵粉、奶粉與蘇打水攪拌均勻，靜置約5～10分鐘。
4. 將麵糰分成每個35g，並且稍微整成圓形。
5. 將麵糰壓扁，放上鳳梨餡，包起來，稍微整形一下，放入烤模。之後再將麵糰與模具按壓到平整。
6. 烤箱預熱190度，完成之後，烤約12～15分鐘，底部上色之後，翻面再烤約4～6分鐘，就完成囉！

牛肉麵

我因為愛上烘焙而進廚房，很喜歡烘焙講究精準，只要不亂改配方，大多都會很成功。反觀中式料理就隨性很多，很多要靠自己的經驗，憑直覺烹調。到底鹽巴該放多少？水分要放多少？很多食譜會寫「適量」，這讓我很混淆啊！一時很不習慣，所以很抗拒。

但凡事一回生二回熟，多煮幾次，就會越來有心得。也因為團購接觸不同類型的鍋具，讓我對於中式料理越來越有興趣，還出版了一本陶鍋的食譜書。感謝給我機會的廠商，也感謝勇敢嘗試的自己。

這道牛肉麵是我們家最常出現的料理，每一次孩子都很捧場。一次煮多一點，就可以分不同天吃，超方便的。

我也用了各種不同的鍋具煮過這一道料理，牛肉麵真的經典不敗，每一次用不同的滷包、換個不同的醬油，甚至將牛肋條換成牛腱……等等都有不同的心得。感覺像是餐廳大廚不斷地在精進配方一樣，實驗的過程會令人很享受。

材料
薑片2～3片、
蔥1根切成段、
蒜片約4～5片、
牛腩500g、
醬油120g、
砂糖1～2茶匙、
水600g、滷包一包、
洋蔥1大顆、番茄2顆、
紅蘿蔔：1根，切塊狀

1. 牛腩洗乾淨之後擦乾，去除多餘的油脂部位並且切塊，長度約 5 公分長，肉煮完之後會縮，建議不要切太短。
2. 番茄與洋蔥切大份備用。
3. 蔥薑蒜與適量的油，在陶鍋裡面爆香後，放入牛肉煎上色，倒入醬油與砂糖炒上色，並且煮到水滾約 1 分鐘。
4. 加入水之後，再放入洋蔥、番茄，還有滷包，蓋上鍋蓋煮約 40 ～ 50 分鐘。
5. 最後放入紅蘿蔔再煮 15 分鐘，熟透了即完成！
6. 煮另一鍋水，沸騰後煮麵還有青江菜，與牛肉湯一起搭配成一碗好吃的牛肉麵。

蘿蔔糕

這兩款蘿蔔糕我們家都很喜歡，當初會分享這食譜，都是為了在過年前給眾多需要蘿蔔糕的粉絲參考。當然，在過年前分享跟年節有關的食譜，勢必是流量密碼。

然而，有趣的是，即使我們在對的時間分享年節料理，這個影音食譜並沒有如我們預期的成為熱門影片。嗯……，那時候我真的有點沮喪，又開始懷疑是不是自己料理底子不夠深厚啊？還是影片拍得不好？

但沒多久之後，陸續看到不少粉絲用我的食譜做出蘿蔔糕，還說又簡單又好吃。有些告訴我，年前因為有壓力得自己做蘿蔔糕孝敬長輩，無意間看到我分享，覺得作法太簡單，於是就嘗試做做看，結果成功了！試吃之後覺得很滿意，還多做幾條來送人。聽到這些，我得到療癒了～原來，真實幫助到某些人，遠比那些點閱率的數字有意義太多了！ 這種感覺真的很踏實，謝謝自己努力嘗試配方，並且把它製作成影片。

材料

台式蘿蔔糕｜白蘿蔔絲250g、在來米粉100g、水210g、乾香菇5g、油蔥酥5g、鹽2g、白胡椒適量

黃金泡菜蘿蔔糕｜白蘿蔔絲250g、在來米粉100g、水200g、黃金泡菜50g、鹽2g

tip＊

1.模具尺寸：5*13*7cm

2.不同模具，請先計算體積：長×寬×高，之後再與示範的模具體積相除，就可以算出倍數。

台式蘿蔔糕

1. 乾香菇泡水之後，瀝乾，切成條狀。
2. 平底鍋加入適量的油，鍋子熱了之後放入香菇炒出香氣。
3. 放入蘿蔔絲與紅蔥酥，炒到蘿蔔熟。
4. 水、鹽巴、白胡椒粉、在來米粉攪拌均勻，再一起倒入鍋子內。

（接續步驟 5）

黃金泡菜蘿蔔糕

1. 黃金泡菜剪成小塊，平底鍋加入適量的油，鍋子熱了之後放入黃金泡菜，稍微炒一下。
2. 放入蘿蔔絲炒到熟。
4. 水、鹽巴、在來米粉攪拌均勻，再一起倒入鍋子內。

---

5. 從白色粉漿，炒到變米白色。
6. 入模時候要壓得紮實（有些模具需要先塗油）。
7. 中／大火蒸 20 ～ 30 分鐘。
8. 涼了之後，再脫模，切片再煎就完成囉！

米漿

在烘焙之前，我幾乎不會做菜。以前在外商銀行的時候，跟自己的客戶閒聊，意外開始對上萬元的高速食物調理機感到興趣。我就這樣被客戶推坑買了一台，回家玩玩之後，做出了非常濃醇香的米漿。我好驚訝啊！料理白癡的我，竟然做得出米漿！實在太開心了！因為太自豪，我還帶去給同事吃，被人讚美，簡直飛上天啊！

這個米漿，讓我回想起在外商銀行的日子。每逢聖誕節，就是整個金融市場最清淡的日子。外國人都忙著休假，請長長的年假。在台灣的我們，並沒有請假過節的習慣，大家還是照常的上班。但因為國外老闆都沒人在，我們就可以忙裡偷閒。

聖誕節前一天，我跟部門同事說，大家可以不用準備早餐，20人份的早餐，我來做！前一天我一個人在廚房忙得跟什麼一樣，該做幾款麵包、麵糰該怎麼安排、烘烤的順序……等等，這樣才能備足 20 人早餐。還記得那時候低頭做麵包幾個小時，血液循環不良，頭好昏但還是繼續做！當時的我，對烘焙就已經很熱衷了！

隔天一早，我還現打了濃醇香的糙米漿，一次打一大壺，這樣完整了我全套的早餐。

趁這時候回憶一下，當年瘋狂的我！

材料
糙米漿｜糙米飯100g、
溫開水400g、
原味炒熟花生40g、
砂糖適量

tip＊
米飯在被打碎之後，還是會慢慢的吸飽水份，
米漿會變得更濃稠。請自行酌量稀釋喔！

1. 所有材料放入高速調理機，用慢速打 30 秒，之後轉最高速打 1 分鐘就完成囉！

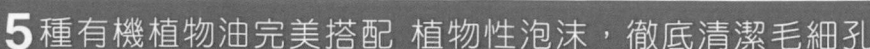

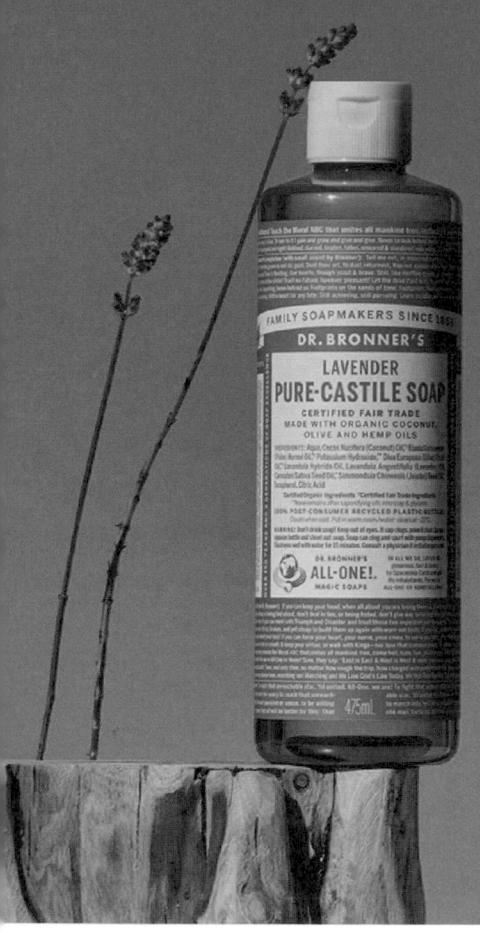